Jean Starobinski

Porträt des Künstlers als Gaukler

Drei Essays

Aus dem Französischen von
Markus Jakob

S. Fischer

Die französische Originalausgabe mit dem Titel
›Portrait de l'artiste en saltimbanque‹
erschien 1970 bei Editions d'Art Albert Skira S.A.
© 1970 by Editions d'Art Albert Skira S.A., Genf
© für ›Sur quelques répondants allégoriques du poète‹
1967 by Jean Starobinski,
für ›Bandello et Baudelaire‹ 1979 by Jean Starobinski
Für die deutsche Ausgabe:
© 1985 S. Fischer Verlag GmbH, Frankfurt am Main
Alle Rechte vorbehalten
Satz und Druck: Wagner GmbH, Nördlingen
Einband: G. Lachenmaier, Reutlingen
Printed in Germany 1985
ISBN 3-10-075102-7

Inhalt

Porträt des Künstlers als Gaukler

Hans Holbein d. J., *Ein Narr, der seine Kasperlfiguren
zu bewundern scheint* – 1515

Die Fratze des Doppelgängers

Es mangelt nicht an Untersuchungen über die Ursprünge des Clowns, ebensowenig an Erkenntnissen zu Harlekins frühesten Erscheinungsformen und denen seiner Komparsen von der *Commedia;* man hat sich mit der Größe des Hanswurst beschäftigt und von seinem Untergang berichtet; Historiker wandten ihre Aufmerksamkeit dem Wandertheater zu, dem Zirkus und der Music-Hall; andere Studien, wenn auch in geringerer Zahl, sind den Bildern gewidmet, die Künstler von Kostümen, Grimassen und Kapriolen zeichneten, welche sie in der Welt der Schausteller und Artisten wahrgenommen hatten. Was aber – da sich nun Künstler seit ungefähr hundert Jahren zur Bilderwelt der Wanderbühnen hingezogen fühlen – macht das Wesen dieses Anreizes aus? Wir wollen versuchen, ein wenig klarer, als es bisher getan wurde, das Besondere und Eigentümliche dieser Spannung zu bestimmen, aus der heraus Schriftsteller und Maler des 19. Jahrhunderts das Bild des Clowns, des Gauklers und des Jahrmarkt-Lebens vervielfachten – bis hin zum Gemeinplatz.

Zweifellos läßt dieses Interesse zunächst eine rein äußerliche Erklärung zu: In der kohleschwarzen Atmosphäre einer in Industrialisierung begriffenen Gesellschaft bildeten die Zirkuswelt und der Jahrmarkt-Rummel eine wundersam schillernde Insel, ein unversehrt gebliebenes Stück Kinderland – ein Reich, in dem die schlichten Wunder der Geschicklichkeit oder des Mißgeschicks, Illusionen und die spontanen Regungen des Lebens vor dem von der täglichen Monotonie der Pflichtergebenheit ermatteten Zuschauer betörend durcheinanderwirbelten. Verglichen mit anderen Aspekten der Wirklichkeit schienen diese geradezu darauf zu warten, in bildnerischer oder dichterischer Form festgehalten zu werden. Aber diese Gründe – deren sozio-historische Implikation offensichtlich ist – sind nicht die einzigen. Gewiß, das kunterbunte Getriebe der Bühne mußte im Grau-in-Grau jenes aschigen Zeitalters wie ein leuchtender Fleck erscheinen; doch die Wahl eines solchen Themas läßt sich durch den visuellen Reiz allein nicht hinlänglich erklären. Zum reinen Sehvergnügen kommt vielmehr eine Neigung hinzu, die einer anderen Ordnung angehört, eine psychologische Bindung, die den modernen Künstler ich weiß nicht welches Gefühl geheimen, sehnsüchtigen Einverständnisses mit dem Mikrokosmos des Possenspiels und der elementaren Zauberei empfinden läßt. Ja, in der Mehrzahl der Fälle muß man so weit gehen, von einer merkwürdigen *Identifikation* zu sprechen. Daß der Clown zum (Eben-)Bild erkoren wird, bedeutet in der Tat die Wahl nicht nur eines bildnerischen oder poetischen *Motivs*, sondern auch eines verdeckten und parodistischen Idioms, um nach der Sache der Kunst zu fragen.

Seit der Romantik (doch gewiß nicht ohne einige Vorboten) sind der Narr, der Gaukler und der Clown die hyperbolischen und mit Absicht *verzerrenden* Bilder, die von sich selbst und von den Bedingungen der Kunst zu geben den Künstlern gefallen hat. Es handelt sich dabei um ein verkleidetes Selbstbildnis, dessen Zeichenhaftigkeit die einer sarkastischen oder schmerzlichen Karikatur übertrifft. Musset, der sich in einer Beschreibung die Züge Fantasios verlieh; Flaubert, der erklärte: »Was man auch davon halten mag, im Innersten meiner Natur steckt der Gaukler« (Brief vom 8. August 1846); Jarry, der sich in seiner Todesstunde mit seiner parodistischen Schöpfung identifizierte: »Père Ubu versucht jetzt zu schlafen«; Joyce, der verkündete: »Ich bin weiter nichts als ein irischer Clown, a great joker at the universe«; Rouault, der wieder und wieder sich selbst unter der Schminke Pierrots oder des tragischen Clowns malte; Picasso inmitten seines unerschöpflichen Vorrats an Kostümen und Masken;

10

Henry Miller, der über den Clown grübelte, »der er ist, der er immer gewesen ist« – eine so beständig wiederholte, hartnäckig über drei oder vier Generationen immer wieder neu erfundene Attitüde erheischt unsere Aufmerksamkeit. Das ironische Spiel ist als Selbstinterpretation bedeutsam – es ist eine spöttische Epiphanie der Kunst und des Künstlers. Zur Kritik der bürgerlichen Rechtschaffenheit kommt eine Selbstkritik hinzu, die sich gegen die ästhetische Berufung selber wendet. Wir können darin, über einen Zeitraum von mehr als hundert Jahren, einen typischen Wesenszug der »Modernität« erkennen.

In der Literatur der Jahre zwischen 1830 und 1870 bildet sich zuerst, und im wesentlichen, der Mythos des Clowns heraus, dessen Ruhm später die Maler verbreiten werden. Die Literatur spielt hier den Auslöser, sie schafft für gewisse Erscheinungen, denen zuvor niemand die rechte Beachtung geschenkt hatte, ein Klima der Empfänglichkeit und lehrt, sie mit neuen Augen zu sehen. Man mindert die Verdienste der Zirkusmaler nicht im geringsten, wenn man hervorhebt, was sie den Dichtern verdanken, die sie darauf einstimmten, vom Anblick der Zirkusreiterinnen und Clowns ergriffen zu sein. So war es von jeher: Die Literatur »gibt zu erkennen« (und verlangt – auf Gegenseitigkeit – den nämlichen Dienst von den Malern).

Es vollzieht sich also mit dem Einfluß der Literatur zugleich eine Wendung zum Realen. Während die bis in die Mitte des 19. Jahrhunderts unbestreitbar vorherrschende »Historienmalerei« ruhmreichen Texten (Epen, Tragödien, Nationalsagen, usw.) imaginäre Illustrationen hinzufügte, versieht sich die Malerei des Zirkusgepränges und der Jahrmärkte mit aus dem Leben gegriffenen Bildern: Die Rolle der neuen Literatur bestand zur Hauptsache darin, diese Bilder poetisch verklärt, ihnen einen affektiven Wert und eine quasi allegorische Aura verliehen zu haben. Dies wird sicherlich

Ein Jahrmarktszirkus in London – 1804

Giandomenico Tiepolo, *Pulcinella auf dem Trapez* – um 1800

für jene noch ein Zuviel an Literatur sein, die später davon
träumen werden, die Malerei in einem autonomen Reich pla-
stischer Qualitäten anzusiedeln. Immerhin gründen Verzau-
berungskraft und Legitimation gerade des Zirkus im Reiz des
Plastischen – er ist der ausersehene Ort, wo Formen und
Farben sich frei entfalten und wo Stellungen, Draperien und
Bewegungen unendlich variieren können. Bis ins 19. Jahrhundert hatten diesen Variationen, diesen Körperspielen und
ungezügelten Kavalkaden die Abenteuer der Götter und der
heidnischen Helden oder aber Bibelszenen als Vorwand ge-
dient, wenn es nicht Episoden der großen epischen »Kapri-
cen« Ariosts und seiner Nacheiferer waren (in die freilich
schon Ironie eingeflossen war). Daß die gegenständliche Wahl
so vieler Maler des 19. und des frühen 20. Jahrhunderts auf

14

den Zirkus fiel, entsprach dem allmählichen Versiegen der traditionellen Inspirationsquellen und stellte diesen eine Ersatzmythologie entgegen – darin ist auch eine stillschweigende Kritik der hohen Themen zu erkennen, um die herum die abendländische Kultur ihren Bilderreigen entfaltet hatte. Dieser unerwartete Nebeneffekt eines Sujets der Genremalerei ist nichts weniger als eine Auswechslung der Helden, ja eine lebhafte Herausforderung des Heldenbegriffs selbst. Aus imaginären Göttinnen werden Ballerinen aus Fleisch und Blut, und die edlen Schlachtrosse verwandeln sich in Manegehengste. Faßt man den Zirkus und seine Illusionen als Ort der Wahrheit auf, was bleibt dann von der akademischen Tradition des Wahren, Guten und Schönen? Man verwirft sie, diese Oberheuchelei. In der untergehenden Republik Venedig setzt die Geste des *Pulcinella* von Giandomenico Tiepolo ein erstes Signal der Ablösung der Götter durch die Hanswurste.

Es wäre jedoch falsch, zu glauben, diese Wandlung habe sich unvermittelt vollzogen und den totalen Bruch mit den Überlieferungen der abendländischen Kultur bedeutet. Der Mythos des Clowns konstituiert sich im Laufe des romantischen Zeitalters, und wie man weiß, montierte die Romantik ältere Vorbilder gern so lange, bis aus der ästhetischen »Reminiszenz« ein Grundbestandteil ihrer eigenen Ausstattung geworden war. Es war das Glück des Clowns und des Hanswurts, auf den verschiedenen Entwicklungsstufen, die sie auf den Brettern der Varieté- oder der Wandertheater und im »Cirque Olympique« durchliefen, ein Interesse auf sich zu ziehen und für Eindrücke empfänglich zu stimmen, die durch eine recht vielfältige Reihe von Vorbildern aus Kunst und Literatur vorbereitet worden waren: Der romantische Synkretismus ließ selbst entlegene Figuren nicht außer Betracht. In seinem gastfreundlichen Gedächtnis finden die gegensätzlichsten Gestalten Platz: ein gewisses Bild des spöttelnden Sokrates, der »unter der Hülle des Silens einen Gott

Jacques Callot, *Die beiden Pantalone* – um 1617

verbirgt«; die handelnden Personen der Satyrspiele und der Atellanen; die mittelalterlichen Spielmänner und Hofnarren; die *bouffons* der Renaissance; die *Narrheit*, die Erasmus die Kanzel betreten hieß; die wendigen Tänzer der Totentänze; die Clowns bei Shakespeare; die grotesken Figuren der *Balli di Sfessania* von Jacques Callot; die ganze Truppe der *Commedia dell'Arte*, wie man sie, stets auf der Fährte der Vergnüglichkeiten, bei Marivaux und bei Carlo Gozzi antrifft, auf den galanten Festen Watteaus oder unter den Porzellanfiguren Bustellis; man besann sich auf die Zynismen »à la Diogenes«, aus denen sich mancher Künstler des 18. Jahrhunderts eine Maske gebastelt hatte; die Überspanntheiten von *Rameaus Neffen* und seine Freimütigkeit inaugurierten den Tonfall eines närrischen »Stils«, der auf soziale Deklassierung antwortete; das »Strolchenleben« der Vaganten und Zigeuner bestach durch seine orientalisch anmutende Farbigkeit, und

16

es stand in dem nämlichen Nimbus, der dem Schicksal des *outcast* anzuhaften pflegt ... Wie man sieht, fehlt es auf dem Familienbild des Clowns nicht an Vorfahren. Aber es handelt sich nur um mutmaßliche Ahnen, stammen doch die Abkömmlinge in dieser Dynastie allesamt aus wilder Ehe ...

Victor Adam, *Kunstreiter im Stil der Zeit Shakespeares* – 1850

Eine wiedergefundene Genialität?

Den Narren als Helden gab es zur Zeit der Romantik in den »vornehmen Gattungen« (Lyrik, Drama, Komödie) nur in Gestalt eines imaginären Wesens, in der Aufmachung Yoricks, mit dem Narrenszepter in der Hand, in eine gotische Szenerie getaucht. Er war ein literarisches Erbstück. Er schlug seine Kapriolen in einem irrealen Raum, umgeben von Hofschranzen im Justaucorps und mit Halskrause. Keiner seiner Zeitgenossen bürgt für ihn, es sei denn sein Autor, der aus ihm seine eigene Melancholie sprechen lassen möchte. Das Modell dafür gab es schon in Shakespeares Stücken – es galt lediglich, diesen Schatz auszubeuten: Der Clown und der Narr figurieren da gleichzeitig als musikalische Personen (man denke an das Lied Festes oder an das des Autolycus), als Verkünder der Wahrheit und als Geheimgehilfen, die das Rad des Schicksals drehen. Der romantische Dichter – vergrämt von der Gesellschaft, doch von dem Wunsche beseelt, sein Urteil über sie zu fällen und als Poet ins Geschehen einzugreifen – konnte sich unschwer in dieses Vorbild versetzen, um es sein Spiel spielen zu lassen.

Die shakespearischen Reminiszenzen bereiteten die französischen Romantiker darauf vor, Shakespeare anderswo als bei Shakespeare selbst wiederzufinden. Wie ihre deutschen Zeitgenossen glaubten sie, ihn im märchenhaften Theater Gozzis und Tiecks zu entdecken, oder in gewissen Volksstücken, in denen Wunderbares und traumwandlerische Geschicklichkeit gleichermaßen zur Entfaltung kamen, deren Autoren und Schauspieler jedoch sich keineswegs anmaßten, mit Shakespeare rivalisieren zu wollen (sofern ihnen überhaupt der Name des englischen Dramatikers ein Begriff war).

1842 schreibt Théophile Gautier – unter dem Titel »Shakespeare im Funambules« – einen Artikel über Deburau und das Théâtre des Funambules.* Deburau wird in der Rolle des Pierrot ein zweiter Hamlet. Für Gautier ist jenes zerlumpte Publikum das einzige, das den *Sommernachtstraum*, den *Sturm* und das *Wintermärchen* wirklich verstehen könnte. (Die französischen Schriftsteller des 19. Jahrhunderts sahen eine zähe Verwandtschaft zwischen dem shakespearischen Zauber und den Spielen in der Zirkusarena und auf der Bretterbühne. Wenn Edmond de Goncourt die Nummer der Gebrüder Zemganno beschreibt, dann nicht ohne hinzuzufügen, sie wecke »im Geist der Zuschauer den Gedanken, die Erinnerung an eine ironische Schöpfung, ins Helldunkel getaucht, – an eine Art shakespearischen Traum, an eine *Sommernacht*, deren poetische Akrobaten sie zu sein schienen«.) Auf den »elenden wurmstichigen Brettern des Théâtre des Funambules« läßt ein naiver Komödiant den Geist Shakespeares wiederauferstehen: Dies ist das Privileg des Instinkts, so etwas wie eine mediale Gnade. Fürwahr, die Wiederbelebung Shakespeares erscheint hier als Werk eines Allgemeingeistes. Wer sind die Autoren dieser Pantomimen? »Niemand kennt sie«, versichert Gautier, »ihre Namen sind sowenig bekannt wie jene der Dichter des *Romancero* oder die der Erbauer der mittelalterlichen Kathedralen. Urheber dieser wundervollen Kundgebungen ist die ganze Welt, diese große Dichterin, dieses gemeinschaftliche Wesen, das geistreicher ist als Voltaire, Beaumarchais oder Byron.« Man erkennt in diesem Gedanken eine der mächtigen primitivistischen Sehnsüchte der Romantik wieder: daß die Volkskünste in ihrer namenlosen Unbefangenheit aus den Quellen der Inspiration selbst schöpften; daß sie spontaner Ausdruck des Genius der Gemeinschaft seien. In ihnen bleibe ein Rest epischer Größe bewahrt; man stoße hier wieder auf

---

* Der einer Artistenfamilie entstammende Jean-Baptiste Gaspard Deburau feierte im Pariser Théâtre des Funambules (Theater der Seiltänzer) in zahlreichen Pantomimen Erfolge als Pierrot. Er starb 1846, nach einem Sturz von der Bühne. *A. d. Ü.*

Adolphe Martial
Potémont, *Das Théâtre
des Funambules* – 1862

die einfache und ungestüme Welt der Ursprünge, der hem-
mungslosen Leidenschaften, des ungebrochenen Lachens und
der frischesten Tränen.

Alles hat hier, aufgrund einer untrüglichen Erfindungs-
gabe, den richtigen Ton, den Glanz und die Wunderlichkeit,
die Staunen erregen. Aber es ist auch eine zu Ende gehende
Welt, ein Phänomen, das jeden Augenblick verschwinden

21

kann, so daß man sich sputen muß, um in den Genuß seines letzten Widerscheins zu kommen. Die *Commedia dell'Arte* ist tot; bald wird es keine Pierrots mehr geben und kein Publikum, das sie feiert. Seit der Restauration verkehren Maler und Architekten (Redouté, Fontaine), dann auch Schriftsteller (Charles Nodier und sein Kreis) im Théâtre des Funambules und träumen davon, dieses todgeweihte, vom vulgären Vaudeville bedrohte Universum zu retten. Beim bürgerlichen Publikum sind die Anzeichen wachsender Zurückhaltung und Abkühlung unverkennbar; man möchte helfend eingreifen, das Repertoire der Pantomime bereichern und ihm neuen Glanz verleihen. 1829 verfaßt Nodier den *Songe d'Or;* nach ihm kommt Gautier zum Zuge, dann Jules Champfleury. Seltsam mutet allerdings an, daß diese literarischen Gebilde – die einer untergehenden Volkskunst neues Leben einflößen sollten – Texte sind, deren makabrer Charakter sich mehr und mehr zuspitzt. Am Ende des Jahrhunderts wird das Volkstheater endgültig erlöschen – die Pierrotfigur indessen, ebenso wie die des Harlekins, wird in die Obhut »kultivierter« Schriftsteller übergehen, sie werden zu – oft von ironischer Grabesstimmung geprägten – literarischen Gegenständen, zum poetischen Gemeinplatz, zum Arsenal des Maskenballs: Rückstände abgelagerter Bilder . . .

Das Ergebnis ist also eine kulturelle Eingewöhnung, die das vorwegnimmt, was im 20. Jahrhundert mit der »Negerkunst«, dem Jazz und der Music-Hall geschehen wird. Wissende Künstler, Kenner mit verfeinertem Geschmack ereifern sich für gewisse lebendig gebliebene Formen »naiven« Ausdrucks; man schwärmt für Dinge, die im Urzustand erhalten sind – man sucht darin die archaische Energie und hofft auf Eingebungen, die beitragen könnten, die »große Kunst« zu verjüngen. Aber diese Verabredung kann nicht zu einer Wiederaufnahme der reinen und schlichten Formen führen, die »naive« Erfindungen waren und die sich die hochentwickelten Künste nicht wirklich aneignen und anver-

22

Honoré Daumier, *Crispin und Scapin* – um 1863–1865

wandeln können. Sein eigenes sehnsuchtsvolles Denken, das
ihn erst dazu verleitet hatte, eine Kunst »im Rohzustand« zu
entdecken, will dem Künstler nicht aus dem Sinn; doch er
kann in keinen Jungbrunnen tauchen, um alle Gelehrtheit
von sich zu waschen und mit dem Schwung eines alten, wie-
dergefundenen Antriebs zu leben, zu schaffen. Er wird aus
dem Zirkus und aus der afrikanischen Kunst das machen,
was Vergil aus den Schäfern Arkadiens oder was die Romantiker aus der Poesie Ossians gemacht haben – er wird die
verlorene Spontaneität beklagen und seinem Bedauern in
»sentimentalen« und verwandelnd-verklärenden Betrachtun-
gen Ausdruck geben. In die Sprache der modernen Kunst
eingeführt, werden die archaischen Bilder wie der Nachglanz
einer versunkenen Welt erscheinen; sie werden in einem ver-
gegenwärtigten Raum fortleben. Sie tragen das Zeichen ihrer
herbeigesehnten Wiederkehr: Geschöpfe, die von der Folge
auf den Grund verweisen möchten, oder halb parodistisch
verkleidete Kataloge des beschwörenden Gedenkens.

23

Henri de Toulouse-Lautrec, *Im Zirkus Medrano,
Boum-Boum* – 1893

Geblendet von Leichtfüßigkeit,
oder Der Triumph des Clowns

Der Zirkus und die Welt der Schausteller und Artisten nahmen in der Kunst verhältnismäßig langsam klare Umrisse an. Die ästhetische Umsetzung vollzog sich über mehrere Stufen. Das Wort gehört zuerst dem Theaterchronisten, der dem bürgerlichen Publikum in Zeitungen und Zeitschriften – wobei er seinen Stil hätschelt – von den Merkwürdigkeiten berichtet, auf die er in Etablissements gestoßen ist, die »anständige Leute« üblicherweise nicht aufsuchen. Gautier ist einer derjenigen, die am meisten dazu beigetragen haben, solcherart Schauvergnügen den Ruf ästhetischer Noblesse zu verschaffen. Was erwartet er sich vom Zirkus und vom Varieté? Er genießt die Geschicklichkeit, die Leichtfüßigkeit, den Höhenflug. Er berauscht sich an Leistungen, die an Mirakel grenzen.

Ob er die Seiltänzerin beschreibt: »Welcher Anblick könnte anmutiger sein als der einer jungen Frau im paillettenbesetzten Rock; die schmalen Sohlen ihrer kleinen Schuhe sind mit Magnesiaweiß eingerieben – und wie sie sich nun vortastet, prüft, ob das Seil genügend gespannt ist, um sich gleich darauf unerschrocken über dem Abgrund des Parketts vorwärtszuwerfen und mit einem Satz bis in den Theaterhimmel zu springen, wie ein von einem Racket schnellender Flugkörper, so gibt es nichts Luftigeres, nichts Gelösteres, und keine Gefahr kann graziöser gemeistert werden«,

oder ob er die Taten Auriols, des akrobatischen Possenreißers im »Cirque Olympique« feiert: »Neben Auriol wirken Affen plump und ungelenk; die Gesetze der Schwerkraft scheinen ihm völlig unbekannt zu sein: wie eine Fliege klettert er an der von Firnis glänzenden Wandung einer hohen Säule empor; er ginge an der Decke spazieren, wenn er das

Vigneron Pierre Roch,
Auriol, Erinnerung an Madrid – 1841

wollte. Daß er nicht fliegt, ist reine Ziererei. Die Begabun-
gen Auriols sind von wundervoller Wandelbarkeit, in seiner
Kunst ist er geradezu enzyklopädisch: er ist Kunstspringer, Jongleur, Equilibrist, Seiltänzer, Kunstreiter, skurriler
Schauspieler, und zu all diesen Befähigungen kommt seine
verschwenderische Kraft. Er ist ein niedlicher Herkules mit

26

kleinen Frauenfüßen, und die Hände sowie seine Stimme sind die eines Kindes. Unmöglich, strammere Muskeln, einen athletischeren Nacken, einen Körper von leichterem und zugleich kräftigerem Bau zu finden; und auf dem Ganzen sitzt jovial ein chinesischer Kopf, dem eine einzige Grimasse genügt, im ganzen Saal Heiterkeit auszulösen. Bei keinem der Kunststücke dieses Wunderclowns ließ sich auch nur die geringste Anstrengung erahnen. [...] Man kann die Gaukler nicht genug bewundern; denn sie brauchen gleichzeitig Gewandtheit, Mut und Kraft – drei wertvolle Eigenschaften für den, der erreichen will, was Auriol tut«,

ob er, wie 1838, seiner Verblüffung über die englischen Clowns Lawrence und Redisha Ausdruck verleiht (welche ihn sowohl als »Verrenkungskünstler« wie als Possenreißer betören): »Alles, was man aus Muskeln und Nerven eines Menschen herausholen kann, sie haben es getan: sie vierteilen sich, sie dehnen sich, sie machen sich platt, sie rollen sich zu Kugeln auf, sie sind ungeheuer! Ihre Kostümierung ist unwahrscheinlich komisch – der erste tritt halb in Rot, halb in Schwarz auf, mit einer Perücke, die auf der einen Seite scharlachrot ist, auf der andern hingegen braun; der zweite kommt, aufgetakelt, ganz in Weiß, das Kleid besetzt mit Knöpfen so groß wie Apfelsinen; das Gesicht hat er mit Mehl bepudert, darin rosa Sprenkel, und die Brauen in Form von Zirkumflexen setzen einen weiteren närrischen Akzent. Die ganze Aufmachung ist von unvorstellbarer Phantasie und paßt vorzüglich zur maßvollen und lautlosen Gangart der Figur. Diese siamesischen Zwillinge der Narrenpossen übertreffen alles, was man bis auf den heutigen Tag zu sehen bekommen hat: sie legen ihre Schenkel wie Riemen über die Schultern und lächeln uns mit ihren Beinen hold an, indem sie sie zu einem schönen Knoten schürzen; sie schneiden sich entzwei, und die beiden Teile tanzen; plötzlich haben sie sich in Kröten verwandelt und hopsen bäuchlings auf Pfoten, die sie der Natur ihrer Gelenke zuwider eingezogen haben, wie richtige alberne Kröten, die gerade aus einem Tümpel steigen, um frische Luft zu schnappen; sie verdoppeln sich und spalten sich, sie werden größer und nehmen wieder ab und krimmeln und wimmeln vor dem Auge wie Schlangengeschling. Die Schwerkraft existiert für sie nicht. O große Gaukler, mirakulöse Luftikusse, wenn man euch gesehen hat, ist man beschämt, auf zwei Beinen zu gehen, und hätte Lust, auf den Händen heimzukehren, wobei man das Rad schlüge«,

oder ob er die Talente des französischen Pierrots rühmt: »Deburau hatte das Glück gehabt, die klassische Schule der Artisten zu durchlaufen: mitten auf den Plätzen, an jeder beliebigen Straßenecke. Er ging kopfüber, balancierte Leitern auf der Nasenspitze, trommelte sich mit den Absätzen auf den Nacken, tanzte auf Stelzen, beherrschte den Spagat und den Salto mortale – kurz, er war mit allen Wassern gewaschen und bewegte sich, als hätte er keine Knochen im Leibe« – das, was Gautier am meisten bewundert, ist die Gelenkigkeit, ist die Herausforderung der Schwerkraft durch den Körper des akrobatischen Clowns, ist die Metamorphose, die ihn »wie Puck auf Flügeln vagabundieren« läßt. Obwohl es Gautier ärgert, daß es ein englischer Maler ist – Paton –, der Oberon im Paillettentrikot eines zirzensischen *acropedestrian* darstellt, erhebt er Shakespeare – den »Geisterkönig« – zum Schutzheiligen der »luftigen« Zauberpossen, des vagen Höhenflugs. Und in der Kunst seiner Zeit scheinen ihm die Tänzerin und der tänzelnde Mime am besten dazu befähigt, den shakespearischen Geist glaubwürdig zu verkörpern. Körper in Bewegung, immer wieder Körper, ungemein behend und beschwingt, die im hellsten Rampenlicht das Phantastische vollbringen, zu dem gewöhnliche Sterbliche nicht imstande sind.

Gautiers Erwartung: solche, höchste Verwunderung. Man hat sein Künstlerideal allzu vereinfachend als Malerideal definiert; es schließt jedoch all jene Tätigkeiten ein, durch die

Marc Chagall, *Akrobat* – 1914–1915

das leibliche und sinnliche Wesen sich selbst überflügelt, nicht um sich von seiner Körperlichkeit loszureißen, sondern um dem Körper eine glanzvolle Ausstrahlung zu verleihen. So erblickt er im Zirkus eine der Bastionen, in denen die Schönheit sich offenbart, insofern er der Ort ist, an dem die vollkommene Muskelbeherrschung virtuos vorgeführt wird, und insofern der Mensch dort sowohl mehr als ein Mensch werden kann, nämlich ein geflügelter Genius, als auch weniger, nämlich eine Kröte.

Einer Auffassung gemäß, welche technische und stilistische Gewandtheit für wesentliche Tugenden der Poesie hält, ist für Théodore de Banville die Leistung des akrobatischen Clowns das allegorische Äquivalent zum Schreiben des Dichters. Er versichert dies kühn im einleitenden sowie im abschließenden Gedicht seiner parodistischen Sammlung *Odes funambulesques* aus dem Jahr 1857. Für ihn ist, wie für Gautier, die schwindelerregende Höhe die bevorzugte Dimension des Clowns; dessen Gewand mag eine vielbespöttelte Maskerade sein, und zweifellos ist es für ihn, den Diener der Muse, entwürdigend, »als Stehgeiger auf der Leiter des Seiltänzers zu fiedeln«, doch ist er immerhin, dank seiner Ironie, nicht verlegen um eine Antwort auf die Verachtung, die ihm von einem Jahrhundert zuteil wird, das sich der Macht des Geldes ausliefert und in dem man »nur noch das Schaben des Rechens auf den Roulettetischen und in den Banken vernimmt«.

Der hyperbolische Aufschwung verleiht der Empörung des Dichters etwas von der glorreichen Attitüde eines Triumphators:

»[...] Mais qu'il soit
Un héros sublime ou grotesque;
O Muse! qu'il chasse aux vautours,
Ou qu'il daigne faire des tours
Sur la corde funambulesque,

Tribun, prophète ou baladin,
Toujours fuyant avec dédain
Les pavés que le passant foule,
Il marche sur les fiers sommets
Ou sur la corde ignoble, mais
Au-dessus des fronts de la foule.«*

In dem Gedicht mit dem Titel *Le Clown* wird diese Überlegenheit durch die gewonnene Höhe ausgedrückt – durch das Emporschnellen im Sprung. Banville stellt sich eine unwiderstehliche Eroberung des Raums vor. Der Clown katapultiert sich, ungeachtet der »Wunde, die in seiner Weiche klafft«, hinauf in den Umkreis der Gestirne:

»De la pesanteur affranchi,
Sans y voir clair il eût franchi
Les escaliers de Piranèse.
La lumière qui la frappait
Faisait resplendir son toupet
Comme un brasier dans la fournaise.«**

Anstatt die Vorstellung eines tiefen Kerkers zu wecken, in dem jegliche Hoffnung schwindet, werden die Treppen des Piranesi flink durch einen Luftsprung überwunden, der den Akrobaten nach oben trägt. Auf diesem Flug (einem Ganymedesflug – nur daß ihn nicht ein Jupiter entführt) ist die niedere Tatsachenwelt, der er entronnen ist, ebenso wichtig wie die neu eroberten Horizonte:

* »[. . .] Aber was er auch sei, ein erhabener oder ein grotesker Held; o Muse! ob er Geier jage oder auf dem Hochseil des Artisten einen Bummel zu machen geruhe; ob als Tribun, Prophet oder als Komödiant, stets meidet er herablassend das Pflaster des gewöhnlichen Fußgängers; er schreitet über famose Gipfel oder über das schäbige Seil – gleichviel: über den Häuptern der Menge.« *A. d. Ü.*
** »Schwerelos hatte er, ohne auch nur darauf zu achten, über Piranesis Treppen hinweggesetzt. Das Licht, das ihn traf, ließ seinen Schopf aufleuchten wie ein glühendes Scheit in der Hitze der Glut.« *A. d. Ü.*

31

Edgar Degas. *Im Zirkus* (Léona Daré) – um 1879

»›Plus loin! plus haut! je vois encore
Des boursiers à lunettes d'or,
Des critiques, des demoiselles
Et des réalistes en feu.
Plus haut! plus loin! de l'air! du bleu!
Des ailes! des ailes! des ailes!‹
Enfin, de son vil échafaud,
Le clown sauta si haut, si haut!
Qu'il creva le plafond de toiles
Au son du cor et du tambour,
Et, le coeur dévoré d'amour,
Alla rouler dans les étoiles.«*

In dem Gedicht Ariosts flog Astolph davon, um auf dem
Mond Rolands verlorenen Verstand zu suchen. Aber Banville
– hochmütiger als man meinen möchte – rühmt sich, seine
Seiltänzer-Oden mit jenem Wort zu beschließen, das auch das
letzte der *Göttlichen Komödie* ist: »In diesem abschließenden
Gedicht habe ich versucht, das auszudrücken, was ich am
klarsten empfinde: die Verlockung eines Schlunds, der sich
über uns öffnet, eines Strudels der Höhe. Und dann gibt
es einen Aberglauben, an dem ich zärtlich festhalte und
der mich dazu drängt, ein Buch wenn immer möglich mit
dem Wort zu beenden, das die *Göttliche Komödie* Dantes be-
schließt, mit dem göttlichen Wort, so in der Mehrzahl geschrieben:

                          Sterne.«

Es scheint mir nicht ganz belanglos, zu erwähnen, daß eines
der ersten großen bildnerischen Werke, die durch das Zirkus-

* »›Weiter! Und höher! Noch seh ich Börsenspekulanten mit goldumrän-
derten Brillen, Kritikaster, Fräuleins und eifernde Realisten. Höher! Weiter!
Mehr Luft! und Bläue! Flügel! Flügel! Flügel!‹ Und endlich sprang der
Clown von seiner schäbigen Leiter hoch, so hoch! daß er, unter Fanfaren-
schall und Trommelwirbel, das Zeltdach durchbrach – das Herz von Liebe
verzehrt, so rollte er in die Sterne.« A. d. Ü.

leben angeregt wurden: *Miss Lala* von Degas, die Vertikale betont und den Aufschwung auf bewunderungswürdige Weise ausdrückt: Die Dimension, der in diesem Gemälde gehuldigt wird, ist unbestreitbar – um mit Banville zu sprechen – der »Schlund« der Höhe.

Aus der poetischen Umsetzung durch Gautier und durch Banville spricht eine nachdrückliche und lebhafte Sympathie für den Clown. Der Dichter identifiziert sich mit dessen Fähigkeit zur Levitation; er erkennt darin die Macht wieder, die er selbst auf den Stoff der Sprache – den Wortkörper – auszuüben versteht. Aber seine Anteilnahme bleibt eine des Gefühls. Der Sprung des Clowns ist reine Beweglichkeit, ist eine Heldentat seines Optimismus; die Einbildungskraft des Dichters läßt sich davon nicht in ein kompromittierendes Abenteuer hineinziehen. Die Aufflüge gedeihen nicht weit, meist nur bis zum angedeuteten Lendenstoß auf dem Sprungbrett. Gerade durch ihre Virtuosität wird die Leistung des Akrobatenkörpers vom Leben derer getrennt, die auf dem Boden bleiben: Wenn der Dichter sie allegorisch auf sich bezieht, dann gibt er sich die Bestimmung, in einem überlegenen und zwecklosen Spiel seine Freiheit zu behaupten und dazu der verdutzten Bourgeoisie – den »Eingesessenen« – Grimassen zu schneiden.

Bewunderung zwar vorspiegelnd, rückt Baudelaire in seinem Aufsatz über Banville von diesem ab und benennt, was ihn an dessen Poesie schief dünkt: »Alles – Menschen, Landschaften, Paläste – wird in der lyrischen Welt sozusagen« unter die Götter versetzt. – Über alles breitet sich der Schimmer leichterrungenen Ruhms. Leid und Pech, »das grauenhafte Leben, das nichts als Anspannung und Kampf ist«, sind wie weggezaubert. Der Raum scheint frei und offen für unsere drängenden Begeisterungen. »In diesen wundervollen Augenblicken schwingt sich das ganze innere Wesen hinaus, hinauf – es wird zu leicht, es dehnt sich übermäßig, als

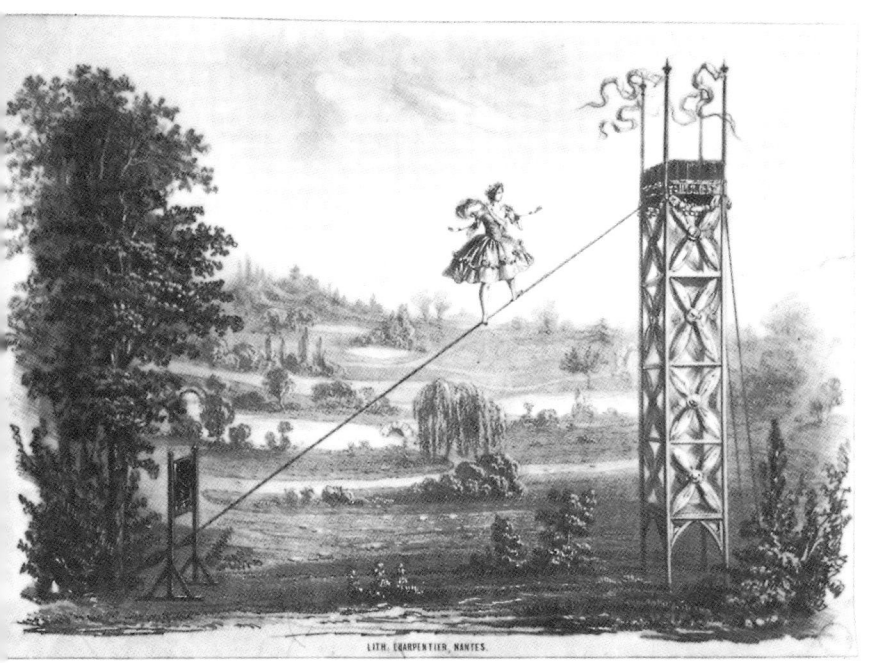

Seiltänzerin

möchte es an höhere Bezirke rühren.« Aber ist diese Euphorie nicht spröde, dieser Humor nicht haltlos? Fehlt ihnen nicht das Negativ, der Schatten, die Substanz, ohne die die Poesie nur eine Seifenblase ist, die sich in der Bläue verliert? Für die Beschwingtheit, welche der *romantischen Ironie* eigen ist, läßt sich kaum ein besseres Emblem denken als der Sprung des banvilleschen Clowns, seine vertikale Flucht hinaus aus dem enttäuschenden Realen – das sind die faszinierenden Volten eines Geistes, der seine Freiheit bezeugt, indem er die unvollkommene Kontingenz aufs heftigste zurückweist. Hier kann das strenge Urteil Hegels Anwendung finden: Die ironische Freiheit höhlt sich selbst aus und macht sich selbst zunichte, wenn sie vorgibt, über das Schauspiel menschlicher Nichtigkeit erhaben zu sein. Der Höhenflug in die Bezirke reiner Idealität verliert sich in einer fleischlosen, leeren Abstraktion.

»In die *mur de toile*, in die gewobene, die Leinwand-Mauer ein Fenster brechen« – in diesem Zeichen geht der Hanswurst Mallarmés den von Banvilles Clown eröffneten Weg bis zum Ende. Er sucht sein Ideal nicht in der Höhe, unter den Sternen, sondern im ungetrübten Wasser des Sees, der ein verliebter Blick ist. Kühner als Banvilles Held, gibt er sein Leben her, um den Versuch einer Wiedergeburt im Absoluten einer verwandelnd-verklärenden Liebe zu wagen. Doch im Unterschied zum Sternenflug ist das selige Bad im lebendigen See kein Triumph der Kunst. Im Gegenteil, es ist deren frevelhafte Verneinung. Mallarmés Hanswurst wird gewahr, daß er die »Muse« – die Poesie – verraten hat, als er danach trachtete, eine ekstatische Auferstehung zu *leben;* der Genius ist von der »Schminke« nicht zu trennen. Daß ihm das bewußt wird, ist seine Strafe. *Le Pitre Châtié*, das Gedicht vom gezüchtigten Hanswurst, schließt mit folgenden Zeilen:

Marie-Alexandre Alophe, Szene aus *La Périe*, 1. Akt – 1843

»Rance nuit de la peau quand sur moi vous passiez,
Ne sachant pas, ingrat! que c'était tout mon sacre,
Ce fard noyé dans l'eau perfide des glaciers.«*

Diesem offenkundig allegorischen Gedicht zufolge bleibt der
Künstler, der vom Leben ausgeschlossen und zugleich vom
Ideal abgetrennt ist, in einem festgefügten Gehäuse gefangen. Ob *Schmierenkomödiant* oder *falscher Hamlet*, er darf die
Bühne nicht verlassen, jenes künstliche Universum, worin
der Ruß der Öllampen dazu dient, die Feder vorzutäuschen,
welche die Wange des Schauspielers ziert. Das Sakrileg besteht darin, den Ort der metaphorischen Darstellung (die in
ihren Mitteln parodistisch ist und gleichzeitig schwerwie-
gend in ihren Wirkungen) preiszugeben, um sich die Befrie-
digungen zu verschaffen, die das Leben bietet.[1]

---

* »Garstige Nacht der Haut, wenn Ihr über mich weggeht, nicht wis-
send, Undankbarer! daß meine ganze Salbung diese Schminke war, die im
heimtückischen Wasser der Gletscher ertränkte.« *A. d. Ü.*

1 Auf scherzhafte oder melodramatische Weise nehmen *Les Saltimbanques*
(1899) von Louis Ganne und der *Bajazzo* (1892) von Leoncavallo das Motiv
des Zusammenstoßes zwischen Kunst und Leben auf. Als triviale Werke, die
sich in ihrem Stil auf die Seite des Lebens schlugen, hatten sie Erfolg.
Vielleicht fand das Publikum Gefallen daran, in einem »künstlerischen«
Stück die Kunst unterliegen zu sehen – widerlegt durch die Wirklichkeit der
Leidenschaften und durch die soziale Konvention.

Pablo Picasso, *Salome* – 1905

Vom Mannweib zur Femme fatale

Konzentrieren wir uns nun auf gewisse Bemerkungen Théophile Gautiers. Nach seiner Beschreibung ist Auriol androgyn: »Er ist ein niedlicher Herkules mit kleinen Frauenfüßen . . .« Es ist, als ob die Leichtfüßigkeit den Akrobaten
verweiblichte. Ebensogut könnte man von einem muskulösen
Antinoos sprechen. Der Körper geht im Wunder der Geschicklichkeit, die er entwickelt, auf – eine *dynamisierte* Version
der Attitüde des Narziß. Dieses Wesen beachtet allein sich
selbst; seinem Körper, seiner exaltierten Motorik gilt sein
gesammeltes Interesse. Doch im Unterschied zum in sich
gekehrten Narziß, der sich über sein regloses Ebenbild
beugt, strebt der Akrobat vor den Augen eines Publikums,
dem er sich zur Schau stellt, nach seiner eigenen Vervoll-
kommnung, wobei ihm das Unglaubliche gelingt, in einem
Akt sämtliche Mittel seines Körpers zur Entfaltung zu bringen. (Und man kann hinzufügen, die poetische Vollkommenheit des *l'art pour l'art* lege von der gleichen narzißtischen
Einsamkeit Zeugnis ab. Die Schönheit, die sich selbst genügt, ist androgyn: Wenn sie begehrt, begehrt sie sich selbst.)

Daß der akrobatische Clown mann-weiblich sei, ist keine »objektive« Feststellung, sondern eher eine imaginative Projektion des poetischen Betrachters. Selbst wenn der literarische
Kommentar oberflächlich bleibt (was bei Banville und Gautier der Fall ist), und selbst wenn wir uns vom Stil einer Chronik oder einer Notiz, was es »zu sehen gab«, kaum lösen,
wird die Beschreibung doch durch Märchenhaftes und Mythisches aufgeladen und verformt. Und je mehr Leidenschaft
dahinter steckt, um so gewichtiger wird die Rolle der mythischen Träumerei in der literarischen Verarbeitung werden.

Für den jungen Flaubert ist die Welt der Schausteller und Artisten ein Reich in weiter Ferne, unerreichbar und von ebenso vielen Glanzlichtern strahlend wie jenes der »oberen Zehntausend«. Beide sind »exotische« Anhängsel, Fransen an den äußersten Rändern des bürgerlichen Universums. Auf dem Rummelplatz wird, mitten in Europa, orientalischer Flitter ausgebreitet, ein vergangenes Zeitalter wird wach, eine barbarische und überfeinerte Welt, die vom wirklichen Leben durch eine unfaßliche Grenze getrennt ist, und diese läßt die so naheliegenden und doch verbotenen Dinge erst recht begehrenswert erscheinen. Gleich wirklichen Prinzessinnen sind die Akrobatin und die Kunstreiterin rätselhafte Fremde, vibrierend von Geschmeidigkeit und Kraft – die idealen Schinderinnen nicht nur der Phantasie.

Lesen wir, was uns der junge Flaubert anvertraut. Wir finden bei ihm die uns schon bekannten Bilder wieder – das Abheben, den Höhenflug –; aber dahinter steckt eine heftige, leidenschaftliche Anteilnahme: »Vage gelüstete es mich nach etwas Glanzvollem, das ich mit keinem Wort hätte formulieren noch in irgendeiner Form in meinem Denken präzisieren können, und dennoch verfolgte mich diese Begierde, heftig,

Henri Toulouse-Lautrec, *Arbeit auf der Satteldecke* – 1899

bestimmt, unaufhörlich. Immer schon habe ich glänzende
Dinge geliebt. Als Kind drängelte ich mich durch die Menge
vor die Portiere der Scharlatane, um die roten Tressen ihrer
Gehilfen zu sehen und die Bänder am Zaumzeug ihrer
Pferde; lange blieb ich vor dem Zelt der Gaukler stehen und
bestaunte ihre Pluderhosen und ihre bestickten Halskrausen.
Oh! wie liebte ich vor allem die Seiltänzerin mit ihren langen
Ohrgehängen, die um ihren Kopf schlenkerten, und ihrem
schweren, steinbesetzten Collier, das auf ihre Brust schlug!
Mit welch unruhiger Gier sah ich ihr zu, wenn sie sich bis zur
Höhe der zwischen den Bäumen aufgehängten Lampen em-
porschwang, und wie ihr von Goldpailletten gesäumtes Kleid
im Wind knatterte und sich bauschte, wenn sie aufsprang!
Dies sind die ersten Frauen, die ich geliebt habe. Mein Geist
zermarterte sich in Gedanken an seltsam geformte Schenkel,
die in eng anliegende rosa Beinkleider gezwängt waren, an
geschmeidige Arme, umringt von Reifen, die sie auf ihrem
Rücken klappern ließen, wenn sie sich nach hinten beugten,

so weit, daß sie mit den Federn ihres Turbans den Boden streiften ...« Die Schauspielerin, die Tänzerin werden in den Träumereien des Heranwachsenden die Nachfolge der Seiltänzerinnen antreten. Wie für so viele seiner Zeitgenossen gehört für Flaubert zum idealen Weiblichen die gloriose und schändliche Beleuchtung eines *Auftritts*, wobei sich die Frau in der Schamlosigkeit einer Zurschaustellung vor zahlendem Publikum gleichzeitig anbietet und entzieht. Die Schau ist Versuchung, und wie der heilige Antonius erliegt der Zuschauer einer Faszination, die einzig die Selbstkasteiung brechen kann.

Vierzig Jahre trennen die Zeilen aus Flauberts *November* (1842), die wir soeben zitiert haben, von den sonderbaren Träumereien, in denen J. K. Huysmans Held Des Esseintes die Bilder seiner einstigen Mätressen an sich vorbeiziehen läßt. Die erste, die in seiner Erinnerung auftaucht, ist eine Zirkusakrobatin, Miß Urania, »eine kräftig gebaute Amerikanerin mit nervösen Beinen, stählernen Muskeln, Armen wie aus einem Guß«. Während er diese Frau beobachtet, läßt sich Des Esseintes zu einer imaginativen Projektion hinreißen, die das genaue Gegenteil der Verweiblichung des Akrobaten Auriol bei Gautier ist. Miß Urania wird zur maskulinen Beherrscherin, bei deren Anblick der Zuschauer dem Gefühl schwindender Männlichkeit unterliegt. Aber weit davon entfernt, ihn anzuekeln, stachelt diese Umkehrung des sexuellen Rollenspiels Des Esseintes' Neugierde an; ja, er beginnt dieses Mädchen zu begehren und sieht in ihm die energische Partnerin für ein masochistisches Erlebnis: »Je mehr er ihre Kraft und Geschmeidigkeit bewunderte, desto unverkennbarer wurde die künstliche Geschlechtsänderung, die sich in ihr vollzog. Der anmutige Schabernack, die weibchenhaften Ziereien traten mehr und mehr zurück, indes sich an ihrer Stelle die männlichen Reize der Gewandtheit und Gewalt entwickelten. [...] Nun wird doch gewiß, so wie

Georges Seurat, *Der Zirkus* – 1891

Edgar Degas, *Tänzerin mit Blumenstrauß* (Detail) – 1878

sich ein stämmiger Kerl in ein schmächtiges Mädchen ver-
liebt, diese Clownsfrau dementsprechend zur Liebe zu
schwächlichen Geschöpfen neigen, zu kümmerlichen und
krummen, so wie etwa ich eins bin, das nicht viel Puste hat,
sagte sich Des Esseintes; und während er sich musterte und
seinen Geist Vergleiche anstellen ließ, erlag er seinerseits dem
Eindruck, er verwandle sich in ein Weib, und gierte entschieden danach, diese Frau zu besitzen.« Die Probe der Wirklich-

44

Edgar Degas, *Konzertcafé: das Lied vom Hund* – 1875–1877

keit – das heißt der Besitz Miß Uranias – wird dieses Phantasma, zur großen Enttäuschung Des Esseintes', zerstören. Nach Miß Urania taucht im Gedächtnis des Helden als nächstes Bild das einer Bauchrednerin aus einem Konzertcafé auf . . .

Von Flaubert zu Huysmans ist ein merkwürdiges mythisches Motiv verbreitet und immer stärker betont worden, das mit der Exotik der Wanderbühne zusammenhängt. Die Frau,

45

Aubrey Vincent Beardsley, *Climax* – 1894

die man anschauen darf, wenn man dafür *bezahlt*, ist nicht nur anders als alle andern Frauen; sie ist außerdem insgeheim von ihrer eigenen offenkundigen Weiblichkeit verschieden. Sie ist nicht nur sehr wendig, sondern auch außerordentlich wandlungsfähig – daher ihre Begabung, für den Zuschauer wechselnde sexuelle Rollen zu spielen. Sie stellt sich der launischen Vorstellungskraft des Liebhabers zur Verfügung. Auf den ersten Blick ist sie ein wunderbares Objekt, das darauf zu warten scheint, gepflückt zu werden wie eine Frucht. Sie scheint dem Meistbietenden zu gehören. Sie ist ein Ding, wenn nicht sogar ein Opfer; man stellt sie sich als Gefangene eines unerbittlichen Tyrannen vor – ein grausamer Direktor sperrt sie ein und beutet sie aus. Als gefangene Prinzessin wartet sie auf ihre Befreiung. Aber dieses Opfer, dieses käufliche Objekt hat *stählerne Muskeln*; dank seiner Kraft, dank seiner großartigen, übermenschlichen – animalischen – Fähigkeiten entwischt es jedem, der es unterwerfen wollte. Der polaren Dialektik der Phantasie entsprechend verwandelt sich das ideale Opfer plötzlich in einen Henker: Wahrhaftig, hinter der Geschmeidigkeit dieses weiblichen Körpers verbirgt sich – aggressiv, gefährlich – die Männlichkeit. Irgend etwas macht sie den Raubtieren verwandt, die man gleich nebenan – auf derselben Fährte – vorzeigt. Wehe dem Unvorsichtigen, der das Recht zu haben vermeinte, sie zu besitzen. Diese Zirkusreiterin ist nicht nur eine kühle Amazone oder eine von der Liebe unberührte Diana; sie ist eine schauerliche Hekate, welche die bleiche Schar an ihr Zugrundegegangener anführt. Wenig fehlt, und man schriebe ihr die bissige Begehrlichkeit des Vampirs zu, der frisches Blut wittert. Zweifellos, der Mythos des *Vamp* hat hier seinen Ursprung. Eines der packendsten Beispiele für diese Figur ist Frank Wedekinds *Lulu*, die am Anfang von *Erdgeist* (1895) im Pierrotkostüm auftritt. Diese verheerende Frau wird selbst als Opfer enden, erdolcht von Jack the Ripper: Sie vereinigt in sich beide Erscheinungsformen – aktiv und passiv – der

Edvard Munch, *Vampir* – 1894

imaginären, perversen Rolle, die der Zuschauer auf die Schauspielerin zu projizieren versucht ist. Ebensogut könnte die *Salome* von Oscar Wilde uns jene *fatale* Funktion vor Augen führen: Zum Preis ihres tanzenden Körpers wird ihr von Herodes alles Erdenkliche gewährt; und das, was sie nach dem Tanz der sieben Schleier fordert, ist der Kopf Jochanaans, der der Mann Gottes ist.

Jean-Ignace Grandville, *Venus in der Oper* – 1843

Begehrenswerte Körper und gedemütigte Körper

Auf dieser Stufe der Interpretation wird der Triumph des behenden weiblichen Körpers zu einer Manifestation des Bösen, und dieser Triumph nimmt das Ausmaß eines Skandals an, wenn der Untergang oder die Opferung eines männlichen Partners damit verbunden ist. Es genügt, daran zu erinnern; daß der Tanz seit dem Mittelalter mit der Wollust, einer Todsünde, assoziiert wird und daß in heidnischer Zeit Tänze und Geschicklichkeitsspiele, sobald sie ihre rituelle und magische Bedeutung eingebüßt hatten, für schamlos und entehrend gehalten wurden.

Während sich der Körper in Wettkampf-Spielen zu einer meßbaren Leistung steigert, wobei er sich selbst übertrifft, und während die Geste im rituellen Ereignis sich zu einer symbolisierten Bedeutung transzendiert, weist das Schauspiel des Tanzes und der Akrobatik auf den Körper selbst zurück, auf seine Anmut, auf seine Kraft, auf seinen erotischen Reiz. Dieser Hinweis des Körpers auf sich selbst ist jedoch nicht mit dem Fall des nackten und bewegungslosen Körpers identisch. Die Tänzerin – so spärlich sie auch bekleidet sein mag – spielt stets eine täuschende Rolle. Sie wird eine andere, sie *stellt* eine Blume, einen Vogel *dar*, oder eine imaginäre Gottheit, eine Gestalt der kulturellen Tradition (eine Sylphide, oder Titania, oder die Péri). Aber in welcher Szenerie und Kostümierung sich diese »stellvertretende Entfremdung« auch immer abspielt, sie stützt sich auf den Körper der Tänzerin, und selbst wenn dieser die Anspielung, die Verkörperung gelingt, kann nichts über ihre fleischliche Gegenwart hinwegtäuschen. Ein unaufhörliches Pulsieren treibt den Körper in eine fiktive Bedeutung und wieder zurück in seine physische Präsenz. Der Reiz, der von der

Tänzerin ausgeht, beruht zu einem beträchtlichen Teil auf dieser unterbrochenen Selbstüberflügelung, die sie mit einem Schimmer *kurzlebiger* Bedeutungen umgibt – Bedeutungen, die durch das Wesen aus Fleisch und Blut immer wieder aufgenommen und neu geschaffen werden. In den Augen des *Ästheten* des 19. Jahrhunderts sind diese mißglückten Versuche, in einen sich verflüchtigenden Sinn auszubrechen, die beunruhigendste Version der Verführung. In der Novelle, der Baudelaire einen schmetternden und frivolen *nom de guerre* als Titel gegeben hat: *La Fanfarlo*, erwächst die Faszination der Heldin aus den fabelhaften Rollen, in die, eine nach der andern, sie schlüpft und dabei die perfekte Täuschung aufrechterhält. Damit der Körper der Fanfarlo alle Reize ausspielen kann, die ihn begehrenswert machen, muß sie im magischen Reich der Pantomime eine Vielzahl von Persönlichkeiten entwickeln: »Sie trat da in einer reizvollen Folge von Verwandlungen auf, als Kolombine, Gretchen, Elvira und Zephirine, und empfing, auf die heiterste Art der Welt, die Küsse von Vertretern mehrerer Generationen, die verschiedenen Ländern und verschiedenen Literaturen entlehnt waren. [...] Die Fanfarlo war abwechselnd sittsam, feenhaft, ausgelassen, munter; sie war hinreißend in ihrer Kunst, ebensosehr Schauspielerin mit den Beinen wie Tänzerin mit den Augen. [...] Alles, was die Musik Geheimnisvolles in sich birgt, kann der Tanz zum Vorschein bringen, und er hat darüber hinaus den Vorzug, menschlich und faßlich zu sein. Der Tanz ist die Poesie der Arme und Beine, er ist die anmutige, schreckliche, durch Bewegung beseelte und verschönte Materie.« Denn für Baudelaire ist die Frau Materie. Und wenn sie nicht durch eine ästhetische Bedeutung verklärt wird (die sie selbst entwirft oder die der Zuschauer ihr verleiht), geht sie an der buchstäblichen Stofflichkeit ihres Körpers zugrunde – an der Sündhaftigkeit ihres natürlichen Daseins. Der Held Baudelaires liebt die Tänzerin nur in dem Maße, in dem er in ihr die Gestalten des literarischen Repertoires und

John Brandard, *König des Schlosses* . . . 1858

eine ganze kulturelle Vergangenheit wiedererkennt: »Sie war zugleich ein shakespearisches Capriccio und eine italienische Harlekinade.« Und als sich ihm die Fanfarlo »im strahlenden und heiligen Glanz ihrer Nacktheit« hingeben will, beginnt Samuel Cramer, »von einem wunderlichen Einfall gepackt, wie ein verwöhntes Kind zu schreien: ›Ich will Kolombine, gib mir Kolombine wieder; gib sie mir wieder, wie sie mich gestern abend verrückt gemacht hat, das Gauklerkind, die Seiltänzerin! [...] – Und vergessen Sie ja nicht das Rouge!‹« Hier bekennt sich der Feind des Natürlichen, der Autor des Loblieds auf Maske und Flitter. Bereit, vor einem künstlich geschminkten Idol auf die Knie zu fallen und tausend Tode zu erleiden (obgleich er dessen Falschheit kennt, hat er doch selbst dazu beigetragen), wird er gegen die Fanfarlo die verächtlichste Grausamkeit begehen, wenn diese einfach eine Frau sein wird, nichts weiter als eine Frau, die die Oszillation zwischen der realen Anwesenheit und der symbolisch heraufbeschworenen Bedeutung nicht aufrechtzuerhalten vermag. Die Schauspielerin, die wieder in ihre Rolle als natürliche Frau zurückgefallen ist, verliert auf immer und ewig den Nimbus ihres Rollen*spiels*, sie läßt die Trägheit, die Schlaffheit des Fleisches völlig von ihr Besitz ergreifen. Als der Dichter sich entfernt, zergeht die Fähigkeit der Fanfarlo zum Höhenflug, und sie ergibt sich ins entgegengesetzte Geschick – die Schwerfälligkeit. Der Dichter aber rächt sich, indem er auf schnöde Art das Schicksal dieses Mädchens nach dem Bruch beschreibt: »Sie ihrerseits wird alle Tage fetter; sie ist eine etwas dickliche, adrett herausstaffierte und raffinierte Schönheit, eine Art ministerieller Lorette*.« Im Kostüm Kolombines und in der Aufmachung des Gauklerkinds war sie die aufregende Verführerin gewesen; nun bleibt ihr nur noch, eins jener Wesen zu werden, von

---

* Eine Dame der Halbwelt; das Wort leitet sich vom Viertel *Notre-Dame-de-Lorette* her. A. d. Ü.

Félicien Rops, *Das höchste Laster* – 1884

denen Baudelaire in *Mon coeur mis à nu* mit kalter Ausfälligkeit
spricht: »Die Frau ist das Gegenteil des Dandy. Folglich muß
sie Abscheu einflößen. Die Frau hat Hunger und will essen.
Sie hat Durst und will trinken. Sie ist geil und will gevögelt
werden. Sehr anerkennenswert! Die Frau ist natürlich, das

Jean-Ignace Grandville, *Reise in die Ewigkeit*

heißt scheußlich. [...] Die Frau kann Seele und Körper nicht
auseinanderhalten. Sie ist einseitig, einfältig wie die Tiere. –
Ein Satiriker würde sagen, dem sei so, weil sie nur den
Körper hat.« Baudelaire ist hier Zeuge eines Unbehagens,
das eines der dauerhaftesten Kennzeichen des damaligen
Zeitgeists war, eines Unbehagens darüber, was der Körper
ist. Er ist das Böse, er ist das Zugefallene; man geht in die
Oper, in den Zirkus oder auf den Rummelplatz, um Körper
zu sehen, die – glanzvoll, vergeblich – nach ihrer Erlösung
streben; man wird sich dort einerseits die Versuchung durch
die Sünde, andererseits das Versprechen einer ästhetischen
Befreiung gefallen lassen. Bieten sich die Körper in Bewegung nicht geradezu für eine idealisierende Lesart an?

Um seine Schaulust zu rechtfertigen, wird Mallarmé die
Begriffe des Rituals und des Kults wiedereinführen. Er läßt

sich von den anmutigen Bewegungen, welche eine in die andere greifen, berücken – unter der Bedingung allerdings, daraus den *Signifikanten* zu machen, der auf eine mysteriöse Offenbarung abzielt: Der Tanz ist für ihn der bewegliche Text eines stummen, vom Körper gesprochenen Diskurses, in dem freilich sich der Körper selbst abschafft. Das Ballett nimmt die Bedeutung einer *Hieroglyphe* an: »Die Tänzerin« ist nicht eine Frau, die tanzt, »und zwar aus diesen voneinander unabhängigen Beweggründen: *weil sie nicht eine Frau ist*, sondern eine Metapher, die einen der grundlegenden Aspekte unserer Gestalt zusammenfaßt, zweischneidiges Schwert, Schnitt/Kelch, Blume/Blüte, usw.*, und *weil sie nicht tanzt*, da sie uns, durch das Wunderwerk der Verkürzungen und der Schwünge, mit einer Körperschrift eingibt, was Abschnitte in ebenso dialogischer wie beschreibender Prosa bedürfte, um nach der Festlegung des Wortlauts auszudrücken: ein Gedicht, losgelöst von jeglichem Apparat des Skribenten.« Aber diese semantische Entgrenzung hängt genauso von der geistigen Anstrengung des Zuschauers ab wie vom suggestiven Talent des Schauspielers. Jeden Augenblick droht sein Absturz aus der ihm ohne sein Wissen zugewiesenen Funktion: zu bedeuten, die ihm sozusagen seinen Körper entreißt; dann wird er neuerlich mit seiner stofflichen Wirklichkeit übereinstimmen, zwar nicht von seiner Schwere zu Boden gezogen, wohl aber von der Idealbedeutung im Stich gelassen und auf die triste Augenscheinlichkeit seiner fleischlichen Anwesenheit zurückgeworfen.

Diese Oszillation gibt einen vollkommenen Begriff von dem Klima, das ausgangs des 19. Jahrhunderts im Zirkus wie in der Oper vorherrscht. Zwischen dem Triumph des Fleisches und der virtuellen symbolischen Bedeutung schwankend (die

---

* »glaive«, »coupe«, »fleur«, etc.: »glaive« heißt zweischneidiges Schwert, »coupe« und »fleur« sind Homonyme. *A. d. Ü.*

Charles Baudelaire,
Selbstbildnis –
1857–1858

schon der Inhalt der Pantomime suggeriert, doch wird sie
meist vom Zuschauer – dem Poeten – angenommen), stellt
das Schauspiel den Geist vor eine schwindelerregende Wahl –
entweder sich durch die überwältigende, vulgäre Gegenwart
des realen Lebens fesseln zu lassen, oder auf Geheiß des in-
terpretierenden Bewußtseins diese körperliche Wirklichkeit
zu transzendieren, auszuweichen in die weite Ferne einer allegorischen Bedeutung. Der Geist findet also im Sprung der
Tänzerin oder des Akrobaten das Bild seines eigenen »hyperbolischen« Sprungs hinaus aus allem buchstäblichen Sinn.
Man begreift nun, daß in dieser Epoche, in der sich nebeneinander die Tendenzen des Realismus und des Symbolismus
entwickelten, der Zirkus abwechselnd einer »realistischen«
Lesart (*Les Frères Zemganno* von Edmond de Goncourt) und
einer »symbolistischen« (*Le Cirque solaire* von Gustave Kahn)
offenstehen konnte.

Wenn der Körper das Böse ist, dann bleibt nichts anderes
übrig, als ihm auszuweichen oder ihn zu verklären. Gerade
der *Dandy* (den Baudelaire der *natürlichen* Frau gegenüber-
stellt) bemüht sich, die zufälligen Gegebenheiten des körperlichen Daseins vergessen zu machen. Mittels der magischen
Kunstgriffe der Toilette versucht er, sich aus seinem Körper
davonzustehlen; und wie Jean-Paul Sartre sehr gut gezeigt

hat, trägt er peinlich Sorge, das Stigma physischer Existenz zu tilgen oder wenigstens zu vertuschen. Er herrscht jenseits der Leiblichkeit, in einem geistigen Reich, wo keiner an ihn rühren kann. Eisig, unverletzlich, maskiert, gibt er sich als provisorischer Insasse seiner Erscheinung und will gar nicht viel mehr als ein Phantom sein. Erinnern wir uns, daß es schon zur Zeit der Renaissance und des elisabethanischen Theaters eine der üblichen Aufgaben des Clowns war, den Dandy zu parodieren: Das Gelächter entspringt dem Anblick eines Kandidaten, der es zum Dandy bringen möchte und dabei in die Falle seines Körpers tappt.

Denn nichts fällt so schwer auf den Körper zurück wie ein gescheiterter Fluchtversuch aus dem Körper. Wer den Engel spielen will, macht sich zum Ochsen. Dies ist das Bild, das uns der Mann des 19. Jahrhunderts beispielhaft darbietet. Ist er ein anständiger Bürger und schließt sich nicht dem suspekten Trupp der Dandys an, so gibt er von sich selbst einen *undinglichen* Begriff – als Gewissen und womöglich als gutes, oder er definiert sich als »Finanzhai«. Seine physische Präsenz, sein Körper, ist das geringfügigste seiner Merkmale. Selbst ein Asket würde den Körper nicht vor allem, wie er, als lästige Bürde wahrnehmen, als ein Gerät, gerade gut dazu, mit dunklen Kleidern bedeckt und dem Vergessen preisgegeben zu werden, vernachlässigt, »verdrängt« in die Hölle der Äußerlichkeiten. »Cave carnem« schreibt Henri Frédéric Amiel bezeichnenderweise in sein *Journal* von 1857. Der ehrenwerte Bourgeois ist darin kaum von einem Gottesmann zu unterscheiden – beide möchten in gleicher Weise den genierlichen Regungen des Körpers entkommen. Hinter den *patriarchalischen* Bärten funkeln nur noch die Augen auf, der *Spiegel der Seele*. Aber durch eine eigenartige Dialektik gerät der vernachlässigte Körper außer Fassung, wölbt sich und setzt Fett an. Man hat ihn nicht behalten wollen; nun kehrt er als obszöne und groteske Bürde wieder. Baudelaire ruft aus:

»O montruosités pleurant leur vêtement!
O ridicules troncs! torses dignes des masques!
O pauvres corps tordus, maigres, ventrus ou flasques,
Que le dieu de l'Utile, implacable et serein,
Enfants, emmaillota dans ses langes d'airain!«*

Unwesentlich, reiner Zufall, spielt der Körper »sein Spiel
für sich«; er hätte sich selbst auslöschen sollen, doch siehe,
als lächerliches Verhängnis meldet er sich zurück. Der über
sein Kontokorrent gebeugte Bourgeois und der an eine er-
barmungslose Maschine gestellte und mit ihr verkuppelte
Arbeiter sind, der eine wie der andere, Zeugen einer Ent-
eignung (einer Entfremdung), der Körper wird dabei durch
ein Tagwerk in Beschlag genommen, das für Eins und Alles
gelten will. Daumier wird diese *Misère* des Fleisches auf
geniale Weise dokumentieren. Sicherlich, in den Schriften
Nietzsches und einiger anderer wird der Ruf nach einer
Erweckung und einer Rehabilitierung des Körpers, zusammen mit einer Lobpreisung des Tanzes, nicht lange auf sich
warten lassen. Doch dieser Appell wäre nicht so heftig
ausgefallen, hätte der Körper nicht vorher eine Art Verbannung erlitten: ein Exil im vollen Licht, weil der Geist
seinerseits – mit seinen in der Ferne sich verlierenden Zielen
beschäftigt – den Leib nicht mehr wirklich zum Gefährten
hat.

Grundsätzlich ist dieses Verhängnis im 19. Jahrhundert ein
männliches, und wenngleich die meisten Frauen das nämli-
che Los teilen, macht sich der Mann in dieser Epoche
vom wahren Weiblichen ein umgekehrtes, ein Komplemen-
tär-Bild. Die Frau ist nach diesem Mythos die große Versu-
cherin, weil ihre Natur sie dazu bestimmt, nicht aus dem

---

* »O mißgeformte Glieder, die nach ihren Kleidern weinen! o lächerliche
Rümpfe! Torsi, wohl der Masken würdig! o arme Körper, verkrümmt und
dürr, dickbäuchig oder schlaff, die unerbittlich und ungerührt der Gott des
Nutzens als Kinder in seine ehernen Windeln schlug!« *A. d. Ü.*

eigenen Körper auszubrechen. Was sie anziehend und furcht-
erregend macht, ist, daß sie eine laue und schuldhafte körperliche Inhärenz repräsentiert, die Gefangenschaft im üp-
pigen Fleisch. Den Mann, der sich von seiner körperlichen
Erscheinung losgesagt hat, erinnert die Lebensfülle des
weiblichen Akts an eine urzuständliche Einheit, eine un-
angetastete Identität, welche die Zivilisation nicht zu zer-
trümmern vermochte. Man betrachte Manets emblematisches *Déjeuner sur l'herbe*. Nostalgiker werden das verlorene
Eden heraufbeschwören, oder sie suchen es in Polynesien.
In diesem durch sein organisches Gesetz gelenkten Körper
schlummert der Geist noch, und das Fleisch beschränkt sich
stumpfsinnig auf seine eigene Pracht. Das Fleisch ist ein
natürlicher Schatz. Nun gefällt es ja diesem Jahrhundert,
Naturschätze auszubeuten. Deshalb kann das weibliche *Geschöpf* als Objekt aufgefaßt (und behandelt) werden – sei's,
daß man aus ihm ein gefiedertes Idol macht, sei's daß man es
zwingt, aus sich selbst eine Handelsware zu machen. Kur-
tisanen, Halbweltdamen, leichte Mädchen, Straßendirnen
sind auf den verschiedenen Stufen der sozialen Hierarchie
die (zugleich realen und mythischen) Bilder der *nach ihrem
Körper verrückten* Weiblichkeit, die nun freilich – hinterhäl-
tige Havarie!* – von der abstrakten Magie des Geldes
infiziert wird. Zwar bekunden auf der Bühne und in der
Arena die Kunstreiterinnen, Tierbändigerinnen, Tänzerinnen und Akrobatinnen in eindrücklicher Unabhängigkeit
die fleischliche *conditio* der Frau – meisterhaft beherrschen
sie ihren Körper, vervielfachen durch die Bewegung seine
Verlockungen und entfesseln seine Energien im unentgelt-
lichen Triumph der Virtuosität. Aber dieser Triumph beschränkt sich auf die Sphäre des Zirkus und des Theaters;
er wird uns im künstlichen Licht der Glühlampen dargebo-

* »Avarie«: wörtlich Seeschaden, mit Anklang an »avarice«: Habgier,
Geiz. A. d. Ü.

Pablo Picasso, *Saepé zu zweit* – 1901

ten; die erfolgreiche Frau ist hier von einer trügerischen
Szenerie umschlossen, die gleichzeitig Schrein und Gefängnis ist. Für den Lebemann ist sie eine leichte Beute, sie wird
sich widerstandslos in irgendein »Séparé« eines teuren Re-
staurants abschleppen lassen. Nichts ist dafür bezeichnen-
der als jene Bilder von *Nachtschwärmern*, die um 1900 in
großer Zahl auftauchen. Der Mann und die Frau sitzen
nebeneinander vor Gedecken mit Austern und Champagner
– er dickbäuchig, fratzenhaft, im Cutaway, abgeschirmt
durch die enorme Schleife des Plastrons, die Lider gesenkt;
sie, Freudenmädchen oder *Künstlerin*, dekolletiert, blühend
wie eine Chrysantheme, ganz Fleisch, mit perlmuttern
schimmernder Epidermis ...

Und wenn der Unterschied sich verschärft, die Spanne
zwischen dem lächerlichen Körper des Mannes und dem

62

glanzvollen Leib der Frau sich vergrößert, so wird diese wie ein unerreichbares Dorado erscheinen, wie eine verbotene Blume. Auf seine schwächliche Lüsternheit verwiesen, auf sein eitles Begehren, auf die Ungnade seines Körpers – seine Mißgestalt –, wird der Mann sich zum Poeten einer einstigen oder künftigen Eva machen, wenn er sich nicht gar befleißigt, die triumphierende Weiblichkeit für ihre Täuschungen anzuschwärzen. Von seiner eigenen Lage wird er sich eine mythische Vorstellung bilden können, indem er Zuflucht bei Bildern sucht, die er der Tradition der Narrenwelt entlehnt. Denn von alters her hat das Volkstheater neben den Meisterstücken der Behendigkeit auch die Komik der Tolpatschigkeit gepflegt. Der auf dem englischen Theater des 16. Jahrhunderts auftretende Clown mag zwar, da er manchmal an dessen unermüdliche Munterkeit gemahnt, eine Weiterentwicklung des mittelalterlichen Teufelchens *Vice* sein, doch ist er ebenso (schon durch seine Etymologie, die auf *clod* = Erdscholle zurückgeht) der bäurische Stoffel, ein Grobian, schwer von Begriff – ein Tölpel, der alles, was man von ihm verlangt, verkehrt anfängt. In der Sprache der alchimistischen Charakterologie entspricht der flinke Clown dem *mer-*

Georges Rouault, *Köpfe zum Totschlagen* – 1907

kurischen Typus, während aus dem täppischen Clown das Schwergewicht der *Erde* redet, deren Kälte er außerdem hat. Kaum je hat ihn der Gedanke an Liebe auch nur gestreift, und eröffnet sich ihm die Chance einer Eroberung, so verpatzt er sie auf alberne Weise. Zu dieser Tradition gehören die Hanswurste und Pierrots der *Commedia*. Sie sind die Helden eines unaufhörlichen Mißerfolgs, ohne daß ihnen, stumpfen Geistes, ihre Fehlschläge überhaupt richtig zu Bewußtsein kämen ... Dieser traditionelle Typus war dazu prädestiniert, den Bankrott der Männlichkeit vor dem triumphierenden Weib zu versinnbildlichen. Maler wie Lautrec und Seurat werden auf zahlreichen Bildern den dummen August darstellen, fröhlich oder apathisch zu Füßen prächtiger, lässiger Zirkusreiterinnen kauernd, die ihm lange Beine machen. Die Schriftsteller ihrerseits werden, eskortiert von den Illustratoren, mit Hilfe musealer Reminiszenzen die Gestik des Hanswursts und des Pierrots nachzeichnen. So fragt Germain Nouveau:

»Gilles, fils de Watteau, grand frère des Lys blancs,
Debout dans le soleil et tombé de la Lune,
Es-tu sombre, es-tu gai, dans tes habits ballants?
L'âne brait-il? ou si le Docteur t'importune?«*

Jules Laforgue verleiht den »blancs enfants de choeur de la Lune«, den weißen Chorknaben des Mondes, die sarkastischen Züge einer weiberfeindlichen Philosophie, nachdem die Enttäuschung bis zum letzten ausgekostet ist:

»[...] l'idée de la femme
Se prenant au sérieux encor

---

* »Hanswurst, Sohn Watteaus, großer Bruder der weißen Lilien, stehst aufrecht in der Sonne und bist vom Mond gefallen, – sag, bist du schwermütig oder bist du froh, in deinen schlotternden Kleidern? i-aht der Esel? oder geht dir etwa der Doktor auf die Nerven?« *A. d. Ü.*

Zwei Schauspieler – attische Terrakotta – 4. Jh. v. Chr.

Dans ce siècle, voilà, les tord
D'un rire aux déchirantes gammes!

Ne leur jetez pas la pierre, ô
Vous qu'affecte une jarretière!
Allez, ne jetez pas la pierre
Aux blancs parias, aux purs pierrots!«*

* »[...] beim Gedanken an die Frau, die noch ernst genommen werden
will in diesem Jahrhundert, seht nur: biegen sie sich ja vor Lachen – sie
winden sich in herzzerreißenden Tönen!
Werft nicht mit Steinen nach ihnen, o ihr, die ein Strumpfband erschüt-
tert! Geht schon, werft nicht mit Steinen nach den weißen Parias, den
lauteren Narren!« A. d. Ü.

Aber diese den Frauen und der Liebe gegenüber so ironisch sich gebärdenden Figuren stecken mit dem Tod unter einer Decke; sie wissen, daß er der große, der wahre Triumphator ist. Sie drücken die Misere des Körperzustandes aus, bis sie selbst Phantome werden, Spukgeister, Mitspieler in einem Totentanz. Verlaine, dessen persönliche Entwicklung dem zwar zuwiderläuft und der äußerlich eher dem sinnlichen Clown zu ähneln beginnt – alkoholgetränkt und tränengebadet –, schlägt gleichwohl ein gespenstisches Porträt des Pierrots vor:

»Ce n'est plus le rêveur lunaire du vieil air
Qui riait aux aïeux dans les dessus de porte,
Sa gaîté, comme sa chandelle, hélas! est morte,
Et son spectre aujourd'hui nous hante, mince et clair.

Et voici que parmi l'effroi d'un long éclair
Sa pâle blouse a l'air, au vent froid qui l'emporte,
D'un linceul, et sa bouche est béante, de sorte
Qu'il semble hurler sous les morsures du ver.«*

Zusammen mit dem bleichen und schaurigen Äußeren hat sich der tolpatschige Pierrot freilich höchste Gewandtheit erworben. Er ist ein dämonischer Strohmann geworden, der auf den Winden jenseits des Grabes schaukelt – dieses Geschöpf ist nicht mehr aus schwerer irdischer Materie geknetet, sondern wieder ein merkurisches Wesen. In seinen Adern fließt Quecksilber, und wie einen Papierstreifen durchbricht er die Grenze zwischen Leben und Tod. Der ausgemergelte

---

* »Das ist nicht mehr der alte, der versonnene Träumer, der unter den Torbogen die Alten anlachte; sein Frohsinn ist – wie seine Kerze – ach! erloschen, und sein Spukgeist sucht uns heim nun, hell und schmal.
Und sieh: sein falber Kittel, an dem ein kalter Wind zerrt, sieht im grausen Licht eines langen Blitzstrahls aus wie ein Totenhemd, und sein Mund ist weit aufgesperrt, so daß er zu heulen scheint unter den Bissen des Gewürms.« A. d. Ü.

James Ensor, *Pierrot und Skelett in Gelb* – 1893

Pierrot Willettes und der Symbolisten ist eine *synkretische* Figur, die die naheliegenden Erinnerungen an die *Commedia*
miteinander verschmilzt, doch auch die nachdenklich stim-
mende Silhouette Hamlets, die Fratze des Goethischen
Mephistopheles gehören dazu, und das Ganze *ad libitum* aus-
geschmückt mit schurkischen Absonderlichkeiten vom
Montmartre. Aber anders als die vitale Behendigkeit des
Akrobaten und der Seiltänzerin läßt seine merkurische Gelenkigkeit den Pierrot nicht in ruhmreiche Höhen entschwe-
ben: Ihn zieht es in den *Schlund der Tiefe*. Schon die halb
legendäre Persönlichkeit Deburaus wurde in der Biographie
von Jules Janin als die eines vom Unglück verfolgten und

fatalen Zufällen ausgelieferten Künstlers beschrieben, der wiederholt auf erniedrigende Weise stürzte. Zudem hatte Jules Janin (im Gegensatz zu Gautier) die Pantomimen der *Funambules* nicht als kraftvolle Kundgebungen des Volksgeistes interpretiert, sondern vielmehr als Ergebnis des Zerfalls, als Unterhaltungsform einer Diadochenzeit. Die verträumten, mondgesichtigen Pierrots passen gut in die *dekadente* Atmosphäre des *fin de siècle*. Beachten wir, daß selbst Gautier dazu beigetragen hat, Deburau in dieses gespenstige Licht zu tauchen.

Teilnahmslos, kalt, unzugänglich für die Reize der Frau – so erscheint ihm Pierrot, und nicht etwa nur als der traditionelle Einfaltspinsel, den lediglich die Annehmlichkeiten der Schlemmerei interessieren. Sowohl in seinen literarischen Kommentaren als auch in seinen Stücken hat Gautier nicht gezögert, aus ihm einen *Sonderling** zu machen, eine *Rand*figur, deren wahre Heimat nicht von dieser Welt ist. Seine metaphysische Zerstreutheit rückt Pierrot von den Lebenden ab, so weit, daß er zu seinem eigenen Nachlaß wird – eine *posthume* Gestalt, der Vorhölle entstiegen und dazu verdammt, sich wieder in sie hinabzustürzen. Er ist ein Abtrünniger, ein Deserteur des irdischen Daseins. (Die sternengleichen Heldinnen, die Gautier zur Musik und zum Tanz bestimmt hat – Giselle und die Péri –, auch sie sind Bewohnerinnen des Jenseits.)

In der berühmten Pantomime des *Marchand d'habits* ermordet Pierrot, um des sozialen Aufstiegs willen, einen Trödler. In dem Augenblick, da er sich anschickt, die Erbin, die ihn zum Herzog machen wird, zum Altar zu führen, erscheint das Gespenst des Kleiderhändlers, »umschlingt Pierrot mit seinen langen Armen und zwingt ihn, mit sich einen höllischen Walzer zu tanzen [...] Der Ermordete drückt den Mörder so an seine Brust, daß die Spitze seines Säbels in den

---

* Im Original deutsch. A. d. Ü.

Honoré Daumier, *Abzug der Gaukler* – um 1847–1850

Marcel Carné, Szenenbild aus *Les Enfants du Paradis* – 1943–1945

Körper Pierrots eindringt und zwischen den Schultern wieder heraustritt. Das Opfer und der Mörder sind an derselben Klinge aufgespießt wie zwei Maikäfer, die man mit einer Nadel durchbohrt hat. Das phantastische Paar dreht noch einige Runden, bevor es, inmitten einer großen Terpentinölflamme, durch eine Fallklappe verschwindet«. So wird Pierrot zu einer bespielhaften Sinnfigur für Schuld und Sühne, zu einem Modell des Scheiterns. Gautier entziffert in ihm eine Allegorie, die an den Kern der Humanität rührt: »Könnte nicht Pierrot, so wie er – geplagt von vagen Begierden – in seinem weißen Kittel, seinen weißen Hosen und mit seinem weiß gepuderten Gesicht durch die Straßen spaziert, die noch unschuldige und weiße Seele des Menschen versinnbildlichen, die von unendlichen Aspirationen nach höheren Gefilden

70

aufgewühlt wird?« Diese Bemerkung Gautiers ist ihrerseits
die »Versinnbildlichung« der Überzeugungen des *Künstlers*
um 1840, der Erfolg und Reichtum einzig unter dem Gesichtspunkt des Verbrechens wahrnimmt und der die Kom-
plizenschaft des Todes oder eines Fluchs sucht, um die
Vorstellung zu schützen, die er sich von seiner Reinheit ge-
bildet hat.

Odilon Redon, *Die Sumpfblume* – 1885

Geburt des tragischen Clowns

Baudelaire war es, der die Motive, die bis hierher durcheinandergewürfelt vor uns auftauchten, zu höchster Dichte zusammengefaßt hat. Sein literarischer Entwurf ist nicht mehr nur eine glänzende Variante eines bildhaften Sujets; er ist mit der Entwicklung einer innerlichen Dramaturgie verbunden, und es entsteht aus ihr ein unendlich vielschichtiges Bild der Lage des Dichters und der Poesie. Baudelaire, der Poet der »beiden gleichzeitigen Ansprüche«, hat dem Künstler in der Gestalt des Narren und des Gauklers die widerspruchsvolle Bestimmung zum Aufstieg und zum Fall, zum Höhenflug und zum Abgrund, zur Schönheit und zum Unglück auferlegt.

Im einsamen Flügelschlag des Gedichts *L'Albatros* wird dem Dichter gebieterische Unabhängigkeit zugestanden, aber zum Preis einer »clownesken« Entwürdigung, sobald er unter die Menschen gerät:

»Ce voyageur ailé, comme il est gauche et veule!
Lui, naguère si beau, qu'il est comique et laid!«*

Das Elend macht aus seiner *Muse vénale*, der käuflichen Muse, ein »Gauklerkind mit hohlem Magen«: es breitet seine Reize aus, es stellt sein Lachen zur Schau . . .

»[. . .] trempé de pleurs qu'on ne voit pas,
Pour faire épanouir la rate du vulgaire.«**

* »Dieser geflügelte Reisende, wie ist er linkisch und schlaff! Er, unlängst noch so schön, wie ist er lächerlich und häßlich!« A. d. Ü.
** »[. . .] von Tränen feucht, die man nicht sieht, um so dem Pöbel ein Ergötzen zu bereiten.« A. d. Ü.

73

Baudelaire nimmt eine Tradition, die jedenfalls bis ins
18. Jahrhundert zurückreicht, wieder auf und vertieft sie –
eine Überlieferung, wonach der Schauspieler hinter seinem
scheinbaren Triumph und seiner geheuchelten Freude eine
verzweifelte Seele verbirgt. Stärker als Victor Hugo mit dem
Triboulet und dem Gwynplaine trägt er dazu bei, den Archetypus des tragischen Clowns festzulegen, dessen Bild quer
durch die Literatur und die bildende Kunst mehrerer Jahrzehnte fortbestehen sollte.

Wenn er die gewaltsame Komik der englischen Clowns
beschreibt, verweilt er wohlgefällig bei den Bildern, in denen
der Clown die Rolle eines grotesken Opfers spielt: »Der
englische Pierrot kam daher wie ein Sturmwind, plumpste
wie ein Sack zu Boden, und wenn er lachte, war es ein saal-
erschütterndes Gelächter, das einem fröhlichen Donnern
glich. [. . .] Zuletzt sollte Pierrot guillotiniert werden, einer
mir nicht mehr erinnerlichen Missetat wegen. [. . .] Die grau-
sige Vorrichtung stand also dort aufgeschlagen, auf einer
französischen Bühne, die über diese romantische Neuerung
nicht wenig erstaunt war. Nachdem Pierrot sich wie ein
Rind, das den Schlachthof wittert, gesträubt und aus Leibeskräften gebrüllt hatte, ereilte ihn zuletzt sein Schicksal. Der
Kopf löste sich vom Nacken, ein dicker weiß und roter Kopf,
und rollte polternd vor den Souffleurkasten, wobei das blutige Rund des Halses, der durchschnittene Wirbelknochen
und alle Einzelheiten eines frisch zum Verkauf zurechtgeschlagenen Fleischstückes zu sehen waren. Alsbald aber, von
unwiderstehlicher Diebslust getrieben, richtete der verkürzte
Rumpf sich wieder auf, erschnappte siegreich den eigenen
Kopf, wie einen Schinken oder eine Flasche Wein, und
stopfte ihn, sehr viel gewitzigter als der große Saint Denis, in
seine Tasche!«

Gerade im Moment dieses ulkigen Martyriums findet der
Clown die Fähigkeit zum Höhenflug durch sein »posthumes«
Leben wieder: Er ist ein fröhliches Gespenst. In der Parabel

Honoré Daumier, *Bajazzo* (ein Clown)

Une mort héroique hingegen (deren Grundton an gewisse Erzählungen Edgar Allan Poes gemahnt), wird der Narr Fancioulle unwiederbringlich in den Tod stürzen.

In dieser Erzählung verbindet eine sadistische Beziehung den Narren mit dem Fürsten, wobei die Grausamkeit jedem der beiden Helden gleichermaßen eigen ist. Fancioulle ist in eine Verschwörung verwickelt, die den Sturz des Fürsten zum Ziel hat: Obwohl er »fast zu den Freunden des Fürsten zählte«, hat sich der Narr – wie Baudelaire 1848 – vom Taumel des revolutionären Abenteuers anziehen lassen. Denunziert, verhaftet, dann zum Schein begnadigt, ist er nun in der Gewalt des Fürsten, hilflos dessen abgefeimter Rachsucht ausgeliefert. Auch dieser Fürst ist ein Künstler, »den eine maßlose Empfindlichkeit in vielen Fällen grausamer und despotischer als bei seinesgleichen üblich werden ließ«, und der nun versuchen wird, seiner Langeweile ein Schnippchen zu schlagen, indem er eine außergewöhnliche Hinrichtung inszeniert. Er verspricht Fancioulle, er werde mit dem Leben davonkommen, wenn er »eine seiner besten Hauptrollen« in höchster Vollendung spiele. Die Erzählung beschwört zwar eine imaginäre Renaissance herauf, aber Fancioulles Kunst ist die Kunst Deburaus: »Der Herr Fancioulle glänzte vor allem in stummen Rollen oder solchen, die nur mit wenig Worten beladen sind, und dies sind oft die Hauptrollen in jenen Märchenstücken, deren Ziel es ist, das Geheimnis des Lebens symbolisch darzustellen. Er betrat leichten Schritts und vollkommen unbefangen die Bühne.«

Fancioulle, in der Tat, übertrifft sich selbst. Doch plötzlich läßt ein vom Fürsten im Saal postierter Page »einen schrillen, langgezogenen Pfiff« ertönen. Dieses brutale Zeichen der Mißbilligung unterbricht Fancioulle »in einem seiner besten Momente. [...] So jäh aus seinem Traum aufgerüttelt, schloß Fancioulle zunächst die Augen, riß sie fast im gleichen Augenblick – übermäßig vergrößert – wieder auf, öffnete dann den Mund, wie um krampfhaft Atem zu holen [...]

und fiel gleich darauf mausetot auf die Bretter der Bühne nieder.«

Baudelaire mit seiner Begabung, sowohl das Messer als auch die Wunde zu sein, ist gleichzeitig der spleenige Tyrann und der meisterhaft behende Mime, der in dem Augenblick zusammenbricht, da er den Höhepunkt seines Könnens erreicht, mitten ins Herz getroffen von dem schrillen Zeichen der Ablehnung seiner Kunst. Aber Baudelaire, in irgendeinem Winkel des Bühnenbilds, ist auch der einzige Zeuge, der den Glorienschein über dem Kopf des Narren wahrnimmt: »Meine Feder zittert, und Tränen einer immer noch gegenwärtigen Rührung steigen mir in die Augen, während ich euch diesen unvergeßlichen Abend zu beschreiben versuche.« Kronzeuge, Henker und Verurteilter – all das ist Baudelaire in seiner innerlichen Dramaturgie. Der Narr ist ein Sakralopfer geworden – sein Glorienschein heiligt ihn –, ein Opfer, das durch eine Laune des Herrschers und die Folgsamkeit eines Kindes, das sich seiner Tat nicht bewußt ist, zu Tode kommt. Für den scharfsichtigen Beobachter heben sich der betörende Glanz der Kunst und der Ruhm des Künstlers vor einem Hintergrund ab, der ein Abgrund ist: »Fancioulle bewies mir auf zwingende, unwiderlegliche Art, daß der Rausch der Kunst besser als jeder andere die Schrecken des Schlunds zu verhüllen vermag; daß das Genie am Rand des Grabes mit einer Freude Komödie spielen kann, die es davon abhält, das Grab zu sehen, denn es hat sich in einem Paradies verloren, das jeden Gedanken an Gruft und an Vernichtung ausschließt.«

Die Kunst, man sieht es, taugt nicht als Heilsunternehmung; sie ist eine sublime Pantomime am Rande des tödlichen Zerfalls, die nur für einen Moment die »Schrecken des Schlunds« verhüllt. Wie Georges Blin betont hat, bezweifelt Baudelaire, der die Kunst zu seinem Ideal erhoben hat, daß die Macht der Schönheit erlösend sein könne. Auf seiner Gratwanderung, über dem Abgrund und während ihm die

Honoré Daumier, *Der Herkules vom Jahrmarkt* – um 1865

bestürzende Erfindung gelingt, ist der Künstler eine überaus zerbrechliche, hinfällige Gestalt. Er hält den gellenden Pfiff nicht aus, er kann sich nicht *halten*. Der Narr – Baudelaires Selbstbildnis in Verkleidung – bezeugt den lebensgefährlichen Schwindel, der den Künstler erfaßt, nicht nur weil er einen Anschlag auf den Herrscher (die Vaterfigur) riskiert hat, sondern auch weil er sich in die *Wesen*losigkeit ergibt, die zur illusorischen Natur der Kunst gehört.

Was *Une Mort héroïque* in der Zuspitzung einer exemplarischen Novelle ausgedrückt hat, wird Baudelaire im Tonfall einer Pariser Chronik wiederholen, wobei das im Laufe eines Spaziergangs durch die Faubourgs der großen Stadt *wahrgenommene Etwas* schlagartig in den Rang einer beängstigenden Allegorie rückt. In dem Prosagedicht *Le Vieux Saltimbanque* durchstreift der Erzähler ein geräuschvolles, farbenfrohes Fest, einen Rummelplatz, wo es nicht an Possenreißern und umherhüpfenden Spaßmachern fehlt. »Ein Taschenspieler, blendend wie ein Gott«, vertritt die merkurische Gewandtheit, und Tänzerinnen, »schön wie Feen oder Prinzessinnen, wirbelten und vollführten Luftsprünge im Lichte der Laternen, das ihre Röcke funkeln ließ«. Um so ergreifender ist der Kontrast zu dem verkommenen Komödianten, dessen Erscheinung uns Baudelaire ausführlich schildert: »Am Ende, am äußersten Ende der Budenzeile, als ob er sich schamvoll selbst aus all dieser Pracht verbannt hätte, sah ich einen armen Gaukler, bucklig, gebrechlich, verlebt, nur noch ein Wrack, rücklings an einen Pfosten seiner kleinen Bude gelehnt – einer Hütte, erbärmlicher als die des verrohtesten Wilden, und dieses Bild äußerster Not wurde von zwei tröpfelnden, qualmenden Kerzenstümpfen nur noch zu gut beleuchtet.

Überall Wonne, gutes Geld, Prasserei; überall die Gewißheit, daß in den nächsten Tagen für das leibliche Wohl gesorgt sein werde, überall der tolle Ausbruch von Lebensfreude. Hier das totale Elend, und erst noch – Gipfel des Grauens! –

Federico Fellini, Szenenbild aus *La Strada* – 1954

ein aufgetakeltes Elend, mit komischen Lumpen angetan, in welche die Not, viel mehr als Kunstfertigkeit, bunte Gegensätze hineingeflickt hatte. Er lachte nicht, der Unglückliche. Er weinte nicht, er tanzte nicht, er fuchtelte nicht mit den Händen, er schrie nicht; er sang kein Lied, kein lustiges und kein klägliches, er flehte um nichts. Er war stumm, er tat keinen Wank. Er hatte entsagt, er hatte abgedankt. Sein Schicksal war besiegelt.

Aber welch tiefen, unvergeßlichen Blick ließ er über die Menge und über die Lichterflut gleiten, deren Bewegung ein paar Schritte vor seinem abstoßenden Elend zum Einhalt kam. Ich fühlte, wie meine Kehle von der schrecklichen Hand der Hysterie zusammengedrückt wurde, und es war mir, als würden meine Augen von jenen widerspenstigen Tränen verdunkelt, die nicht rinnen wollen.

Was tun? Wozu den Unglücklichen fragen, welche Kurio-
sität, welches Wunder er in dieser stinkenden Finsternis,
hinter seinem zerfetzten Vorhang, zu zeigen hätte?«

Während Fancioulle zusammenbrach, gerade als er den
Gipfel ästhetischer Virtuosität erreichte, verkörpert der Alte
Gaukler einen andern Aspekt des Scheiterns (einen zukunfts-
trächtigen Aspekt, was sein Fortleben in Literatur und Kunst
angeht): den lautlosen Verfall, das Versiegen des Willens, die
unüberwindliche Ohnmacht. Das Schweigen des Gauklers
kündet auf prophetische Weise die Aphasie Baudelaires an,
nimmt sie vorweg. Doch die beiden Gestalten – Fancioulle
und der Alte Gaukler – gleichen einander trotz allem, was sie
zu Gegensätzen macht: Beide handeln vor einem Hintergrund, der ein Abgrund ist und den nahen Tod verheißt. Es
sind zwei *Enden einer Laufbahn* – das eine im Paroxysmus eines
vergeblichen Triumphs, das andere in der Erstarrung, in der
Paralyse. Gautier war der Chronist des Höhenflugs des Narren; Baudelaire – der selber sehr wohl die Kraft der Auf-
schwünge kannte – hat sein Augenmerk auf den Sturz und auf
das Erschlaffen gerichtet. Fancioulles Tod mag an den Sturz
des Ikarus denken lassen – so gesehen ist das dumpfe Überleben des Alten Gauklers schlimmer als der Tod: Während das
Fest in vollem Gange ist, liegt sein buntscheckiger Krempel
nutzlos herum, es sei denn zum Hohn, und keine noch so er-
finderische Kraft kann diesem erbärmlichen, zur Schau ge-
stellten Tand neues Leben einhauchen. Der alte Künstler hat
sich von den Menschen gesondert, um auf die Bühne zu treten,
und noch hofft er, ihre Aufmerksamkeit auf sich lenken zu
können; aber er ist längst nicht mehr interessant, die Leute gehen ihm aus dem Weg. Die Trennung ist eine doppelte, einerseits durch den Abstand, den der Künstler genommen hat,
andererseits bleibt das Publikum auf Distanz.

In beiden Texten hängt das Schicksal des Narren, der ein
Märtyrer ist, weitgehend vom Eingreifen einer äußeren
Macht ab: der Fürst, das Publikum bestimmen es. Nicht nur

Pablo Picasso, *Der Leierkastenspieler* – 1906

das innerliche Verhängnis – seine Erschöpfung – verleiht dem Schicksal des Alten Gauklers einen tragischen Anstrich; die Teilnahmslosigkeit der Menge ist nicht weniger ausschlaggebend. Baudelaire schränkt den symbolischen Sinn der Figur ein, wenn er in ihr das Bild des alten *homme de lettres* sieht, »der das Geschlecht überlebt hat, dessen glänzender Unterhalter er gewesen war; das Bild des alten Poeten, ohne Freunde, ohne Anhang, kinderlos, erniedrigt durch sein Elend und durch die Undankbarkeit der Öffentlichkeit, und in dessen Bude die vergeßliche Welt nicht mehr eintreten mag«. So spielt die »vergeßliche Welt« für den Alten Gaukler die gleiche sadistische Rolle wie der grausame Tyrann für Fancioulle. In beiden Texten fehlt dem Künstler, der in Opposition zur Macht steht, die Kraft, die Verdammung durch diese vom Fürsten oder vom Volk verkörperte Macht zu überleben. Während es jedoch den Tyrannen gelüstete, Fancioulle bei der letzten, unübertrefflichen Entfaltung seiner Talente sterben zu sehen, besteht die eher unbewußte Grausamkeit des Publikums gerade darin, den Alten Gaukler *nicht zu sehen.* In beiden Fällen wird ein Mord verübt: Über das Gelände des Rummels gleitend, fällt unser Blick plötzlich auf eine in dieser modernen Szene, in der Gewöhnlichkeit der Menge isolierte Gestalt – auf das Bild eines jener pathetischen Alten, mit denen Baudelaire seine *Tableaux Parisiens* in den *Fleurs du Mal* bevölkert hat. Der alte Komödiant stirbt langsam und qualvoll, in lächerlicher Verbannung. (Ist seine Bude nicht bedrückender als die eines »Wilden«? Werden nicht sein Elend und sein *Fremdsein* noch dadurch verschärft, daß er sich eitel einbildet, sich noch einmal zeigen zu können, daß er die verrückte Hoffnung hegt, sich zu »prostituieren«?)

Dem aufmerksamen Leser wird nicht entgehen, daß Baudelaire sich in diesen beiden Prosagedichten nicht damit begnügt, einem Opfer einen Henker gegenüberzustellen; der Poet fügt vielmehr sein eigenes Bild in einen Winkel des Gemäldes ein; er inszeniert sich als Zeuge einer Szene, die sich

James Ensor, *Hop Frogs Rache* – 1898

ihm so tief einprägt, daß er die Tränen kaum zurückhalten
kann, und seine »Kehle wird von der schrecklichen Hand der
Hysterie zusammengedrückt«. Es schält sich also ein durch
den Dichter entwickeltes »Dreiecksverhältnis« heraus, dem
dieser – der Beobachter – das Bild einer *Agonie* (im stärksten
Sinn dieses Worts) entnimmt, um es in einer symbolischen
und prophetischen Wendung auf sich selbst zu münzen.

Georges Seurat, *Der Posaunenspieler* – 1887

Die spottwürdigen Retter

Höhenflug und Sturz, Triumph und Verkommenheit; Agili-
tät und Ataxie; Ruhm und Opferung – zwischen diesen
Extremen flirrt und schillert das Schicksal der Clownsfigu-
ren. Manchmal, so im Falle Fancioulles, wohnen wir dem
Schauspiel einer krampfartigen Kompression der Gegensätze
bei; dann wieder einer Wechselfolge der gegensätzlichen Zu-
stände; und anderswo hat man zu dem traditionellen Mittel
gegriffen, Typen zu bilden, die durch nicht ganz symmetrische Kräfte verbunden sind, wobei jeder der Partner eine
deutlich unterschiedene Aufgabe erfüllt.

Baudelaire wird bei den Künstlern des späten 19. Jahrhunderts Widerhall finden; sie werden ihre Werke von seinen
provozierenden Metaphern durchdringen lassen.

Bei Toulouse-Lautrec – in seinen Darstellungen des Zirkus
und seiner Stars – gibt es den wunderlichen Gegensatz zwischen der Anmut der Szenen, wo alles Bewegung ist, und der
Ermattung, die aus den sich ausruhenden Modellen spricht.
»In Ruhestellung ist der Körper kraftlos, schlaff: Hülle eines
Überdrusses und einer öden Bangnis. Dagegen erweckt er in
der blitzartigen oder angespannten Gebärde den Eindruck
von Leichtheit, als stimme sein Bau vollkommen mit den
Anforderungen des gefährlichen Akts überein.«[2] So ist es:
Auf diese Weise drückt der Maler die Dualität aus, welche die
literarische Vorstellungskraft auf den clownesken Helden
projiziert. Die Clownesse Cha U Kao, so wie der Pinsel
Lautrecs sie festhält, scheint eine weibliche Nachbildung des
baudelaireschen Alten Gauklers zu sein. Jean Laude, dessen

2 Jean Laude, »Le monde du cirque et ses jeux«, in: *Revue d'esthétique*,
Bd. VI, 1953, S. 411–433.

Henri de Toulouse-Lautrec, *Die Clownesse Cha U Kao* – 1895

Zeugnis aufschlußreich ist, da er diesen Zusammenhang nicht gesucht zu haben scheint, beschreibt das berühmte Gemälde folgendermaßen: »Cha U Kao, ach, sieht ruhend aus, wie aufgelöst: eingesunken. Die Beine mit fast obszöner Nachlässigkeit gespreizt, läßt sie ihre Arme hängen und beugt die Schultern vor. Ihr Gesicht drückt maßlose Übermüdung und das flackernde Bewußtsein einer Entwürdigung aus.« Aber das Besondere an der Zirkuswelt Lautrecs ist es, daß er seinen niedergeschlagenen Geschöpfen die Möglichkeit des Wiederaufschnellens beläßt: In dem Maße, wie diese Müdigkeit das Umkippen der großen Schau anzeigt, ist die

Georges Rouault, *Kopf eines tragischen Clowns* – 1904

Schau – mit ihren Glanzlichtern, mit ihrer Schminke – ihrerseits die Kehrseite der Müdigkeit. Die Vitalität ist ungebrochen, schlummert nur, um sich danach wieder in Luftsprüngen in der Arena oder im mitreißenden Spiel des Mimen auszuleben – dank jener wie ein Wunder anmutenden Energie, die diese Geschöpfe mit ihrem bleichen Teint und den Ringen unter den Augen irgendwo (in welchem Zaubertrank?) wiederfinden, jenseits der Erschlaffung.

Noch enger sind die tragischen Clowns von Rouault mit Baudelaires Altem Gaukler verbunden. Sie sind von einer analogen Erfahrung gezeichnet, die so ähnlich scheint, daß ich kaum glauben kann, Rouault sei nicht durch die Lektüre der *Kleinen Prosagedichte* beeinflußt gewesen. In einem Brief an seinen Freund Schuré schildert Georges Rouault die Begegnung, die zur Wahl des Motivs führte, welches zur zwanghaften Konstante seiner Kunst werden sollte. Eine entscheidende Begegnung, da sie es dem Schüler Gustave Moreaus ermöglichte, sich von der märchenhaften Mythologie seines Lehrers loszusagen und sie durch einen modernen und zugleich persönlichen Mythos zu ersetzen: »Bei mir habe ich – seit dem Ende eines schönen Tages, da der erste Stern am Firmament leuchtete, bei dessen Anblick sich mir das Herz ich weiß nicht weshalb zusammenkrampfte – daraus unbewußt eine ganze Poetik abgeleitet. Dieses Nomadengefährt, das am Wege stillsteht; das magere alte Pferd, das die dürre Weide abgrast; der alte Possenreißer, der an der Ecke vor seinem Wohnwagen hockt, damit beschäftigt, sein leuchtend buntes Kostüm auszubessern; der Kontrast dieser glänzenden, funkelnden Gegenstände, und dieses Leben von unendlicher Traurigkeit [. . .] wenn man es überblickt [. . .]

Dann habe ich das alles *in der Vergrößerung gesehen*. Ich sah ganz deutlich, daß ich der Hanswurst war, daß wir es sind [. . .] fast alle [. . .] Das Leben ist es, das uns dieses *prächtige, von Pailletten glitzernde* Gewand gibt; wir alle sind mehr oder weniger Hanswurste, wir alle tragen ein ›paillettenbesetztes

Gewand‹; aber wenn man uns überrascht, so wie ich den alten Possenreißer überraschte, oh! wer wagte dann zu behaupten, er sei nicht bis ins Mark von unermeßlichem Mitleid ergriffen? Ich habe den Fehler (vielleicht ist es ein Fehler [. . .] für mich jedenfalls ist es ein Abgrund von Leiden . . .), *nie jemandem sein Paillettenkostüm zu lassen*, möge er König oder Kaiser heißen; die Seele ist es, die ich von dem Menschen sehen will, der vor mir steht [. . .], und je größer er ist, je mehr man ihn menschlich verherrlicht, um so mehr fürchte ich für seine Seele [. . .] Seine ganze Kunst aus einem Blick, aus einem alten Gauklerklepper ziehen (einem tierischen oder einem menschlichen), das mag von verrücktem Hochmut

Henri de Toulouse-Lautrec, *Sitzende Clownesse* – 1896

zeugen – oder von vollkommener Demut, wenn man dafür gemacht ist, dies zu tun.«

Was Rouault erregt, ist das geheime Einverständnis von Flitter und Seele. Diese gehört einer ganz anderen Ordnung an: Der verbrauchte Plunder des Clowns verschärft den Kontrast, weil er das Unglück einer verirrten, ja irren Fleischwerdung symbolisiert. Rouault möchte uns durch den pathetischen Effekt des Widerspruchs zwischen Sein und Schein, zwischen Innen und Außen betroffen machen. Er braucht die spottwürdige Verkleidung, das Paillettengewand, um uns die unendliche Traurigkeit der Seele spüren zu lassen, die von dort verbannt ist, wo sie wirklich hingehört, verbannt in ein nomadisierendes, irrendes Dasein, verurteilt zur »Jahrmarktseele«. Der Maler erhebt den Anspruch, eine versteckte

Georges Rouault, *Clownskopf* – um 1907

psychische Wahrheit zu entschlüsseln. Der Clown verdankt seine wundersame Überlegenheit über Könige und Richter der Tatsache, daß er im Gegensatz zu den Mächtigen, die in der Falle ihres Putzes und der äußerlichen Merkmale einer eitlen Tyrannei gefangen sind, eine Spottgestalt ist, ein *König der Lachhaftigkeit*; in seinem Paradekostüm sieht er leichter ein, daß er sich zum Gespött macht und ist eher bereit, seine kümmerliche Wahrheit demütig anzunehmen. Es liegt an uns, zu erkennen, daß er uns alle repräsentiert, daß wir alle Hanswurste sind und daß unsere ganze Würde (sofern es erlaubt ist, hier Pascal zu paraphrasieren) im Eingeständnis unserer Hanswurstigkeit besteht. Wenn wir lernen, genau hinzuschauen, sehen wir, daß alle unsere Kleider von Pailletten glitzern. *Totus mundus agit histrioniam.* Die stoische Formel – im Mittelalter durch Johann von Salisbury wiederholt, dann auf dem Frontispiz des Globe Theatre, wo Shakespeare spielte, angebracht – erscheint neuerlich im Kontext eines

Georges Rouault, *Der verletzte Clown* – 1939

christlichen Expressionismus, der sich um die Erbschaft des Expressionismus bereichert hat. Der Clown ist der Offenbarer, der das Menschengeschlecht zum bitteren Bewußtsein seiner selbst bringt. Der Künstler muß zum Schauspieler werden, der sich laut als Schauspieler bekennt. Indem er sich zum Spaßmacher erniedrigt, läßt er den Zuschauer die erbärmliche Rolle erahnen, die jeder von uns unwissentlich in der Weltkomödie spielt. (Analog dazu – und gleichzeitig ganz unähnlich – bevölkert James Ensor sein bildnerisches Universum mit maskierten Menschenmengen, da wo Rouault mit Vorliebe vereinzelte, einsame Individuen zeigt.)

Es ist begreiflich, daß Rouaults Weltanschauung ihn dazu gebracht hat, seine Selbstbildnisse so weit zu forcieren, zu entstellen, bis sie zu Clownsgesichtern wurden. Die Malermütze und die Narrenkappe (oder die des Clowns) sind austauschbar. Darunter steckt dasselbe Gesicht, in wechselnden Phasen symbolischer Interpretation. Es erscheint hier angebracht, an die Formel Cosimo de Medicis zu erinnern, wie sie uns von Angelo Poliziano überliefert ist: *Ogni pintore dipigne di se.* Eben so ist Rouault üblicherweise vorgegangen, manchmal auf die Gefahr hin, sich *nachträglich* in seinen Gebilden wiederzuerkennen. Krank, das Gesicht durch Abszesse entstellt, schreibt er an André Suarès: »Ich hatte den Kopf meiner gräßlichen Grotesken bekommen.« Im Gesicht des Künstlers zeichnen sich die Wirkungskräfte des Spotts *und* des Monströsen ab; es ist die Kristallisationsfläche einer Seele, die durch die Rollen hindurch, die sie gefangen halten, jenseits des Leibes nach ihrer Erlösung strebt.

Der Kampf der Seele gegen die Qualen ihrer Fleischwerdung findet seinen letzten Ausdruck im Antlitz Jesu Christi. Die Opferung des tragischen Clowns – eines unschuldigen Opfers – ist eine Nachbildung der Leidensgeschichte und weist kaum parodistische Züge auf. Der Clown ist *jener, der die Ohrfeigen einsteckt* – so wird er zum emblematischen Doppelgänger Christi in der Erduldung der Schmach. So wie

Georges Rouault, Komposition für den
»Zirkus Sternschnuppe« – 1934

man das Selbstbildnis dem Vorbild des Clowns entsprechend interpretieren kann, so läßt es sich auch dem Modell des Christusantlitzes annähern. Ein Bedeutungskreis schließt sich, in welchem der Clown den Nimbus der Heiligkeit annimmt, und Christus, erblassend, die bleichen Wangen des Clowns. Ohne sich in Paradoxen zu ergehen, kann man behaupten, daß der Glaube Rouaults in seinen Zirkusbildern nicht weniger stark hervortritt als in den Szenen, die von der biblischen Geschichte inspiriert wurden. Die Werte lassen sich tauschen: Die Leidensgeschichte nach Rouault spielt sich vor der Folie vorstädtischen Elends ab, während seine Zirkusszenen die Höhen von Golgatha zum Schauplatz zu haben scheinen. Wenn nun also der tragische Clown die Rolle des Erlösungsopfers bekleidet – treffen wir dann nicht wieder auf eine der frühesten Bedeutungen des Gauklers und des Narren? Im Zusammenhang mit gewissen keltischen Festen heidnischen Ursprungs erinnert Enid Welsford daran, daß der *folk-fool* oftmals *getötet* und daß die zentrale Figur der Sündenbock-Riten – handle es sich nun um einen lebendigen Menschen oder um ein Opfer *in effigie* – vielfach zum Verrückten erklärt wurde. Wer ist dieser Clown oder Irre par excellence? »Ist er, wie es seine Maske und sein schwarzes Gesicht, sein Fuchsschwanz und sein Kleid aus Kalbsleder anzudeuten scheinen, der Abkömmling eines uralten Weiheopfers? [...] Die unbeteiligte Haltung des Verrückten ließe sich mit der Tatsache vereinbaren, daß er den exkommunizierten Sündenbock darstellt.« Wir könnten also im Werk Rouaults das Wiederaufleben einer Opfer- und Heilskomponente in christianisierter Form beobachten, einer Komponente, die von Anfang an zur Clownsfigur gehörte. Diese heidnische Spur, die sich im ahnungs- und arglosen Bewußtsein der Volkstradition nie ganz verlor, findet nun zu einer ihrer Urbedeutungen zurück, freilich ins Licht gerückt durch ein leidenschaftliches Christentum, das dem Schmerz einen intellektuellen und moralischen Wert beimißt.

Photographie von
Max Jacob
– aufgenommen
vor 1937

Eine neue, ironische und entstellende Umsetzung hat dieses Motiv im Leben und Werk Max Jacobs gefunden, für den die Clownerie sowohl Grimasse der Erniedrigung als auch eine parodistische Variante der Nachfolge Christi war. Es ist bekannt, daß seine *Pénitents en maillots roses*, die Büßer in rosa Trikots, auch unter dem Titel *Der Clown vor dem Altar* hätten erscheinen können. Noch näher an unserer Zeit, bei Henry Miller, in *Lächeln am Fuße der Leiter*, lebt die Stimmung von Rouaults bildnerischem Werk wieder auf, mit naiver (In-)Brunst, unter dem Gesichtspunkt einer Heilsberufung und Todesbestimmung, die ein pathetischer Clown sich auferlegt hat: »Der Clown ist der Poet der Tat. Er ist die Geschichte, die er spielt. Und stets ist es die gleiche, die ewig gleiche Geschichte: Anbetung, Opfergabe, Kreuzigung. ›Kreuzigung en rose‹, selbstverständlich.«

So weit, so gut. Werfen wir jetzt einen Blick zurück auf die literarische Tradition der Narren und der Clowns. Zu unserer Überraschung werden wir feststellen, daß die großen Dramatiker vielfach – und ganz intuitiv – den Narren und den Clown zum Mittelsmann des Heils gemacht haben, zum guten Geist, der trotz seiner Ungeschicklichkeit und trotz seiner beißenden Bemerkungen das Rad des Schicksals dreht und Eintracht stiftet, auf daß sich, in einer Welt, die böse Kräfte durcheinandergebracht haben, alles wieder zueinander füge. Gewiß ist dieses Retter- und Erlöseramt nicht immer mit der Opferung des Clowns verbunden; allerdings bleibt er immer und überall ein Außenseiter, und weil er ein Eindringling werden muß, verdient er auch, allgegenwärtig zu sein. Wegen der Freiheiten, die er sich herausnimmt oder die man ihm zugesteht, erscheint der Clown als Störenfried, als Partyschreck; doch das bißchen Unordnung und Liederlichkeit, das er mit sich bringt, ist genau das Mittel, dessen die kränkelnde Welt bedarf, um ihr Gleichgewicht und ihre wahre Ordnung wiederzufinden. Ob er ein Simpel oder ein Schelm ist, oder paradoxerweise beides zugleich, stets wirft er sich zum Gegenspieler auf; er ist der personifizierte Widerspruchsgeist, und sein Naturell befähigt ihn zum Werkzeug der Verwirrung und des Umsturzes. Es genügt, hier an *Was ihr wollt* und an das *Wintermärchen* zu erinnern. Man könnte auch das vielfältige Universum der Volksmärchen erwähnen, in denen die Aufgabe des Clowns von übernatürlichen Figuren wahrgenommen wird *(Der gestiefelte Kater);* aber die Ader dieser intuitiven Tradition ist bis heute nicht erschöpft. In den meisten seiner Filme taucht Charlie Chaplin gerade im rechten Augenblick auf, um ein junges Mädchen oder ein Kind zu retten, indessen er selbst fortwährend die übelsten

Charlie Chaplin, Szenenbild aus *The Circus* – 1928

Schmähungen über sich ergehen lassen muß. Seine andauernde Popularität verdankt er vielleicht der meisterhaften Art, in der er den Archetypus des aufopfernden Retters neu verkörpert hat. Er erfüllt damit eine uralte psychische Erwartung, die sich im Bewußtsein des modernen Menschen erhalten hat. Und man könnte das gleiche von den Marx Brothers

sagen, die in manche Liebesgeschichte eingreifen, die schiefläuft – ganz so wie die Gnomen (oder die Narren) in Sagen
und Geschichten unvermutet auf den Plan traten: Sie bringen scheinbar alles durcheinander, stiften allenthalben Unruhe, und gleichwohl geht die Rechnung unter dem Strich
auf, als wäre ihre Ungeschicklichkeit die reine Vorsehung
gewesen, einer zauberhaften Logik gehorchend, die jede ver-
nunftbestimmte Voraussicht durchkreuzt: Sie sind die Not-
helfer der bedrohten Liebe und des bedrohten Lebens.

Akrobatische Tänzerin – ägyptisches Ostrakon – 1450 v. Chr.

Grenzgänger und Dahingegangene

Ist es erstaunlich, wenn die freie literarische und bildnerische Verarbeitung des Clownsmotivs dazu geführt hat, daß ursprüngliche Bedeutungen und archaische Funktionen erneut in Erscheinung traten? Es ist nicht ausgeschlossen, daß lange einem Lieblingsthema nachzuträumen das begünstigt und erleichtert, was die Psychoanalytiker als *Wiederkehr des Verdrängten* bezeichnen. Vergessen wir übrigens nicht, daß der Anfang des 20. Jahrhunderts der Zeitpunkt ist, da der zivilisierte Mensch beginnt, sich nicht mehr allein mit der *Idee* der Natur und des Ursprungs zu beschäftigen (was seit der zweiten Hälfte des 18. Jahrhunderts der Fall gewesen war), sondern mit den Bildern und konkreten Dokumenten der Urmenschheit. Der Fortschritt der Kunst vollzieht sich in manchen Bereichen über den Umweg einer *Rekollektion* der Formen aus unvordenklichen Tagen: Man entdeckt alle möglichen archaischen Zeiträume wieder; man beginnt, der afrikanischen Kunst und den prähistorischen Malereien Wert beizumessen; man zerbricht sich den Kopf, um Urgesten zu identifizieren und Grundmythen zu entschlüsseln. So kommt es, daß die am höchsten entwickelte Kultur, die Hochkultur, die sich selber für erschöpft hält, ausgerechnet in der Primitivität eine Energiequelle zu finden hofft. Man denkt sich eine Vergangenheit, welche – weit davon entfernt, verbraucht zu sein – schlicht danach verlangte, in uns aufzutauchen – unter der Bedingung, daß wir lernten, sie wahrzunehmen und ihren Wert anzuerkennen. Insofern hat die archaisierende Tendenz ihr Wesen geändert, denn jetzt ruft man die Tiefen des Unbewußten an – der Traum verschafft uns Bruchstücke der Urwelt. Nun gleicht ja die Zirkuswelt, die Welt der Fahrenden einem Wachtraum: Im hellsten Rampenlicht stellt sie uns das Unmögliche vor Augen, führt es uns als Augenscheinliches vor. Schon Gautier hatte es geahnt, aber ohne sich weit über das visuelle Vergnügen an der Schau vorzuwagen; und Banville hatte, ohne daraus sämtliche Konsequenzen zu ziehen, über den akrobatischen Mimen die folgenden erstaunlichen Sätze geschrieben: »Zwischen dem Adjektiv *möglich* und dem Adjektiv *unmöglich* hat der Mime seine Wahl getroffen; er hat sich für das Adjektiv ›unmöglich‹ entschieden. Er ist ein Bewohner des Unmöglichen; was unmöglich ist, ist gerade das, was er tut.« Die Maler und Schriftsteller des frühen 20. Jahrhunderts werden bis zur Quelle vorstoßen; sie werden sich anschicken, das Unmögliche zu erforschen ...

Ein sonderbares Schauspiel ist es, zu beobachten, wie die von Überdruß und düsterer Ergebung geprägten *Gaukler* aus der Blauen Periode Picassos sich nach und nach aus dieser Stimmung lösen, in die der Maler sie anfangs eingeschlossen hatte, und gegen Ende der Serie wenn auch nicht heitere Freude, so doch zumindest eine Art ernster und geheimnisvoller Gelassenheit bezeugen. Offensichtlich hat Picasso das malerische und literarische Bild des Opferclowns gereizt. Zunächst warf der baudelairesche Alte Gaukler seinen Schatten auf die Malerei des Spaniers, und zweifellos beschäftigten die versonnenen Pierrots des Symbolismus einen Moment lang seine Phantasie. Aber Picasso hatte etwas anderes zu sagen. Und was er zu sagen hatte, sollte in den Worten der Schriftsteller merkwürdigen Widerhall finden.

In einem Aufsatz aus dem Jahre 1905 skizziert Apollinaire eine poetische Transkription der *Gaukler*, welche Picasso kurz vorher ausgestellt hatte. Der Schriftsteller gibt sich aufs Geratewohl einer jener gewagten Träumereien hin, die sich *ernsthafte* Kritiker besser untersagen sollten, die aber in diesem besonderen Fall auf wunderbare Weise einen Begriff von einem mythischen Universum vermitteln. Wenn es auch unwahrscheinlich ist, daß Picasso all das ausdrücken wollte, was Apollinaire aus seiner Malerei herausgelesen hat, so schlägt uns dessen Interpretation dafür eine Art Fortsetzung, eine spekulative Ausfaltung des Gemalten vor – einen jener vielfältigen Sinnzusammenhänge, die das Werk um sich herum aufzufächern zuläßt: »Die Mütter, Erstgebärende, erwarteten nicht mehr das Kind, vielleicht wegen gewisser schwatzhafter Raben und schlechter Vorzeichen. Weihnachten! Sie gebaren künftige Akrobaten inmitten von zutraulichen Affen, weißen Pferden und Hunden wie Bären.

Die jungfräulichen Schwestern, auf die großen Bälle der Gaukler tretend, balancierend, gebieten diesen Kugeln den strahlenden Lauf der Welten. Diese Heranwachsenden, noch nicht ganz Frau, haben die Unruhen der Unschuld; die Tiere lehren sie das religiöse Geheimnis. Harlekine begleiten den Glanz der Frauen, gleichen sich ihnen an, sind weder Mann noch Weib. [...] Zwittertiere haben das Bewußtsein der Halbgötter Ägyptens. [...] Man kann diese Gaukler nicht mit Komödianten verwechseln. Ihr Betrachter muß fromm sein, denn sie zelebrieren stumme Riten mit mühsamer Behendigkeit.«

Hier wird abermals die Bühne in eine Kultstätte verwandelt. Doch auf die christliche Landschaft Rouaults folgt eine esoterische Szenerie, in der sich, einem Synkretismus *alexandrinischer* Manier gemäß, die Mysterien mehrerer religiöser Traditionen mischen: seltsam anmutende Fruchtbarkeiten, Hermaphroditen, sakramentale Stille, Nativitäten... Die Interpretation des Dichters, die sich zur imaginativen Komposition des Malers fügt, verwandelt die Bühnenschau in eine gnostische Zeremonie. Das Spiel hat seine Gründe – es ist Ritus, Enthüllung einer geheimen Weisheit. Die schwierige oder *mühsame Behendigkeit*, die Apollinaire mit »stummen Riten« in Zusammenhang

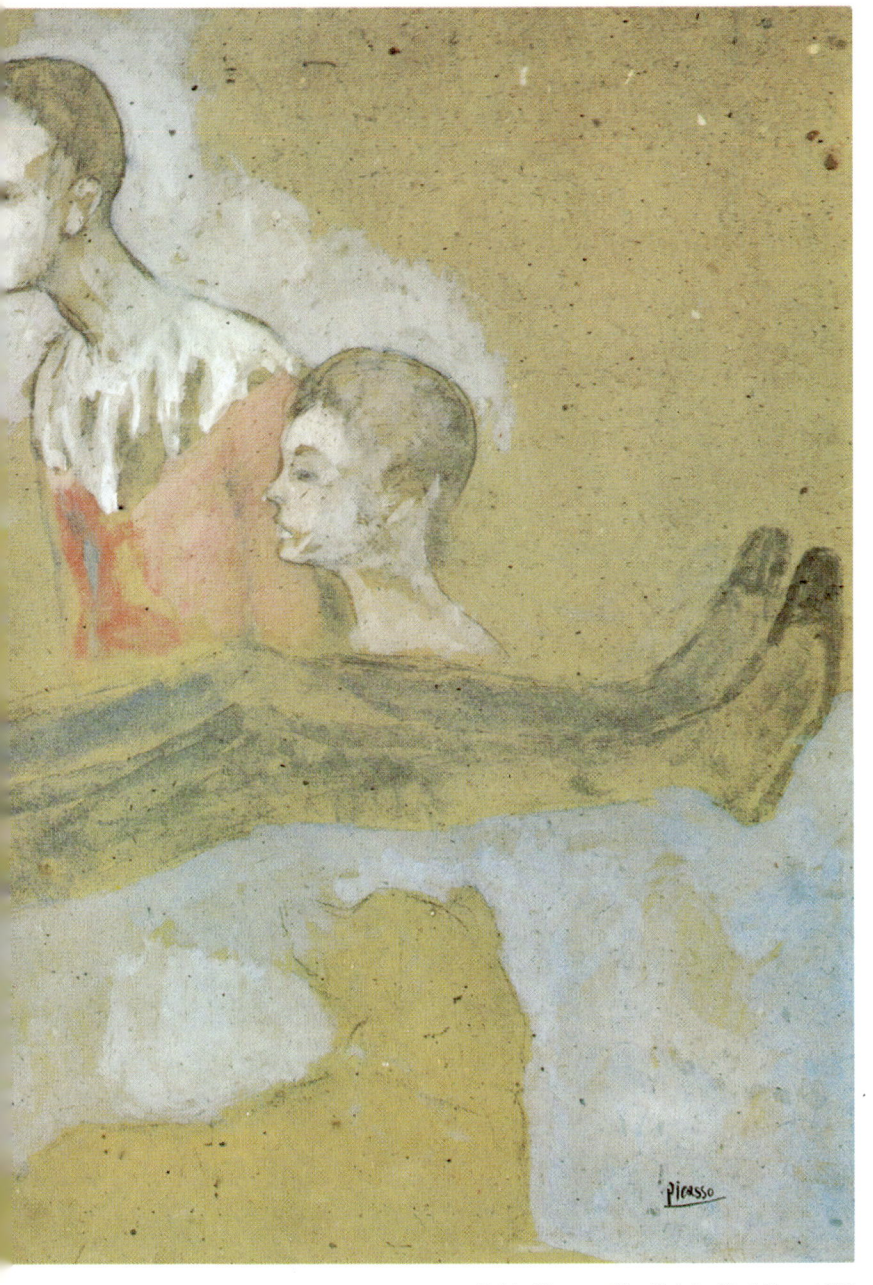

Pablo Picasso, *Der Tod des Harlekin* – 1905

bringt, erinnert uns daran, daß die Akrobatik in der Antike oft mit Begräbniszeremonien verbunden war, denn der Sprung des Akrobaten, die Geschicklichkeit des Schlangenmenschen sollen den Tod durch die Darstellung des unwiderstehlich hervorbrechenden, sprühenden Lebens beschwören. Bezeichnenderweise werden von der Mutation selbst die Tiere ergriffen; einem umgekehrten Orphizismus entsprechend, sind sie es nun, die die Menschen einweihen. Durch ein auf einer tieferen Stufe stehendes Lebewesen erlangen wir ein höheres Wissen. Ein Kurzschluß vereinigt das Animalische mit der höchsten Macht. Wir stehen auf der Schwelle der Initiation: Die Gaukler kennen das Schlüsselwort, das den Zugang zur übermenschlichen Welt der Gottheiten und zur inframenschlichen Welt des tierischen Lebens öffnet.

In einem der Gedichte in *Alcools*, die von Picassos *Gaukler* und von der Malerei Marie Laurencins inspiriert wurden, dem dieser Frau zugeeigneten *Crépuscule*, stellt Apollinaire die Truppe der Fahrenden an einen vagen Ort zwischen Leben und Tod, zwischen Tag und Nacht, zwischen Lüge und Wahrheit, zwischen Erde und Himmel: Am Schluß des Gedichts wächst der *Harlekin trismegistos* vor den traurig blickenden Augen eines Zwergs in die Höhe. Noch einmal stehen wir auf einer furchterregenden Schwelle, doch streben hier die Gegensätze nach Versöhnung. Im ersten Vers von *Crépuscule* ziehen die »Schatten der Toten« vorüber, in der letzten Strophe aber erscheint ein schönes Kind.[3] Wir ahnen schon, daß die übernatürliche Fähigkeit, zu wachsen, die dem Harlekin zugeschrieben wird, sich aus seiner Vertrautheit mit dem Reich des Todes herleitet. Das Epitheton *trismegistos*, das ihm einen Doppelnamen verleiht, setzt ihn anspielungsweise Hermes gleich, dem Götterboten, der die Pforten der Schat-

3 Der kleine Gaukler – ein *Wunderkind* – wird noch ein weiteres Mal *am Schluß* eines Gedichts von Apollinaire erscheinen, in *Un fantôme de nuées*.

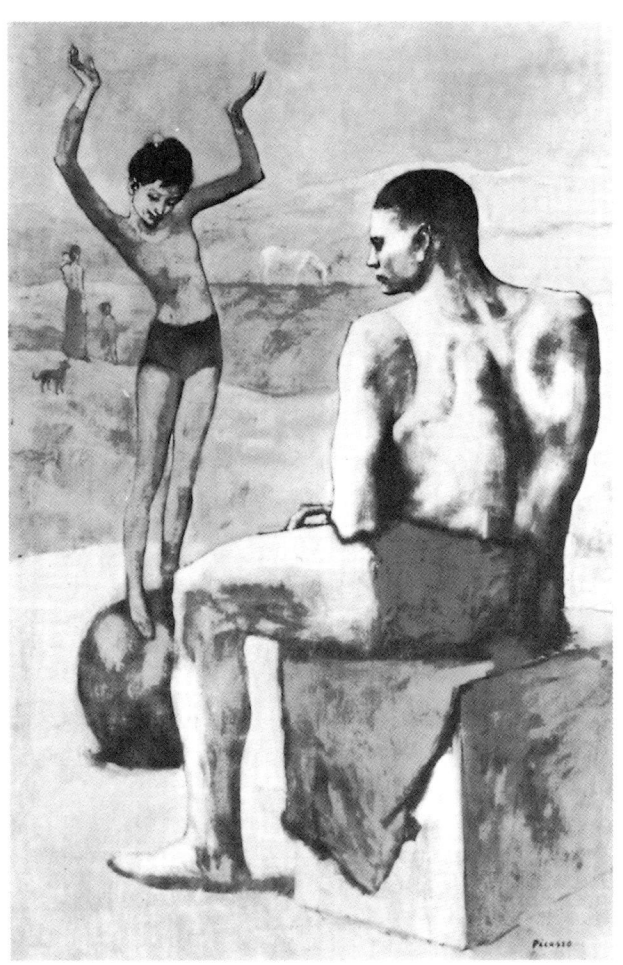

Pablo Picasso,
*Akrobat mit
Kugel* – 1905

tenwelt durchbricht und die Seelen der unterirdischen Behausung der Toten zuführt. Er ist auch der Gott der alchimistischen Geheimnisse, in dem die Gnosis eine Verwandtschaft mit dem paviangesichtigen Thot der Ägypter gesehen hat. Harlekin hakt einen Stern vom Himmel los, er nähert den Himmel der Erde an und vereinigt so auf übernatürliche Weise, was von Natur aus getrennt ist. Eine magische Rückkehr zur kosmischen Einheit wird uns angekündigt . . .

So hat sich ein mythischer Synkretismus herausgebildet, in welchem einige merkwürdige Analogien es rechtfertigen, daß Apollinaire Hermes und Harlekin zueinander rückt. Hermes ist nicht nur der Führer der Seelen und der Hüter von Geheimnissen, er ist nicht lediglich der emblematische Schutzheilige der *merkurischen* Behendigkeit, sondern auch ein listiger, ein *schelmischer* Gott, ein Umstürzler, der Verbote und Tabus mißachtet. Man kommt daher leicht zu dem Schluß, daß seine Rolle als schicksalhafter *Grenzüberschreiter* eins ist mit seinen Verwegenheiten als *Gesetzesübertreter* – in beiden Fällen setzt er über geheiligte Schranken hinweg, die gegensätzlichen Gesetzen unterworfene Bereiche voneinander abgrenzen und die kein Sterblicher ungestraft übersteigen darf.

Nun weiß man aber aus den ersten mittelalterlichen Dokumenten, in denen er erwähnt wird, daß Harlekin (unter dem Namen Hellekin) ein Dämon mit tierischen Gesichtszügen ist, der in Winternächten im tiefen Wald ein heulendes Heer von *Verblichenen* anführt. Eine Gestalt, die in keiner Weise der eines Retters gleicht – im Gegenteil: ein diabolisches Geschöpf. Erst die theatralische Darstellung, die Parodie werden im Lauf der Jahrhunderte seinen unheilvollen Zauber bannen: Den Dämon, der die Grenzen der Hölle überquert hat, um bei uns sein Unwesen zu treiben, wird man zu einer komischen Figur machen, deren hervorstechender Wesenszug, der Wille zur Übertretung, sich nun auf die *Tabus* der sozialen und sittlichen Ordnung richtet. Diese Verwandlung ersetzt das Grauen durch Gespött und liefert das Bild des Dämons den Launen eines maskierten Schauspielers aus; was vordem unmenschliches Geheul war, löst sich in neckisches Geplapper auf. Aus dem Entsetzen wird Gelächter; die urweltlichen Schrecken gehen in der profanen Posse unter; die unflätigen und grotesken Faxen exorzieren den Tod, wenden seine Gewalt in Kräfte der Fruchtbarkeit. Dem namenlosen Grauen einen

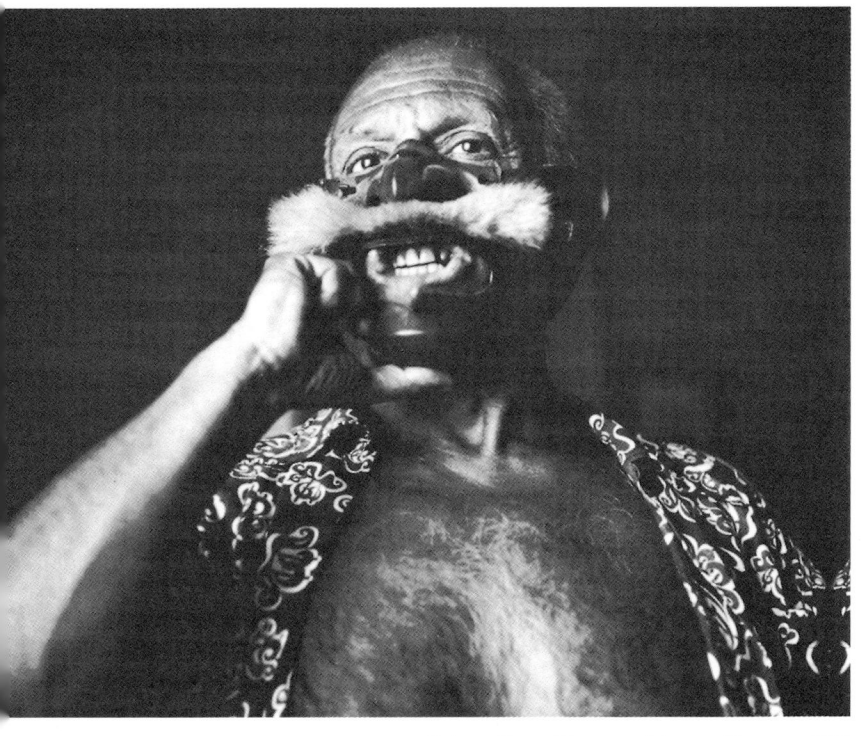

Robert Capa, Photographie von Picasso – 1951

Namen geben und es zu einem Gegenstand der Darstellung machen heißt, das, was über unser Fassungsvermögen geht, in etwas zu verwandeln, das wir beherrschen; heißt, dem Unsäglichen eine Gestalt zu verleihen, mit der alsbald die Sprache ihr willkürliches Spiel treiben wird. Die Zungenfertigkeit und der federnde, tänzerische Sprung sind, während sie vorspiegeln, der Tänzer sei lediglich das Werkzeug einer übernatürlichen Macht, und vielleicht gerade dadurch, Akte der Bemeisterung. In den Mysterienspielen zum liebenswerten, zum komischen Teufel geworden, ließ Hellekin noch lange Zeit erkennen, daß er der parodistische Ersatz eines einstmals furchterregenden Widersachers sei. Die

111

struppige Maske eines *homo silvestris,* die er bis ins 18. Jahrhundert behielt – bis endlich die Liebe sein Antlitz glättete –, beweist dies.*

Wenn Goethe im Vorspiel zu *Faust* Mephisto als *lustige Person* auftreten läßt, dann macht er damit jene spielerische Überlegenheit der Sprache des Dichters deutlich, die den bedrohlichen Schatten des Dämons obenhin glänzende Worte jonglieren läßt, aber die zersetzenden Kräfte des Nichts in die tiefsten Gründe unseres Gelächters verschiebt.

Die Clowns und Harlekine Picassos (wie auch jene Apollinaires) haben diese ursprüngliche Verbindung zum Reich des Todes nicht verloren. Auch wenn ihre Gesichter nichts Tierisches mehr an sich haben, bleiben sie dem Affen, dem Hund, der Hirschkuh, dem Pferd nah verwandt – ihr Reich ist der Gauklerwelt benachbart, eine komplizenhafte Freundschaft verbindet sie miteinander. Lange bevor Picasso sich den Minotaurus und die Kentauren ausdrücklich zum Motiv genommen hat, zeigen etliche seiner Zeichnungen die seltsame Symbiose des Gauklers und des Tiers. So denkt auch Rilke, wenn er in der fünften *Duineser Elegie* die Gaukler Picassos besingt, bei den Übungen der jungen, noch ungelenken Akrobaten an »sich bespringende, nicht recht paarige Tiere«. Was mir an Rilkes lyrischer Reflexion zudem auffällt, ist die (trotz der vollständig andersartigen Ordnung der Bilder) unverkennbare Ähnlichkeit mit Metaphern von Apollinaire, zumal die Gauklerwelt auch hier eine symbolisch zwischen Himmel und Erde, zwischen Leben und Tod schwebende ist, – dem Tode näher als dem Leben –,

---

* Kluge, *Etymologisches Wörterbuch,* vermerkt zu Harlekin unter anderem: »Herrequin, Graf v. Boulogne, starb 882 eines plötzlichen Todes, der als Strafe für den Kampf gegen seinen Oheim aufgefaßt wurde. Afrz. *Hellequin* wurde ›der wilde Jäger‹, ital. *Alichino* ein Teufel in Dantes *Inferno, arlecchino* der Tölpel der *Commedia dell'arte.* [...] Bei uns spricht zuerst Moscherosch 1642 vom ›Harlequin oder Hans Wurst‹. [...] Der wilde Jäger läßt an germ. Mythos denken: zu den wandalischen *Hariern* von Tacitus Germ. 43 wird der Name *Harilo* als ›Führer des Totenheeres‹ gedeutet.« *A. d. Ü.*

eine Welt, in der alles um das Geheimnis eines *Übergangs* kreist.

Freilich führt dieser Übergang nicht zu einer wirklichen Erlösung. Es ist erst der Schritt von der Unbeholfenheit zur Geschicklichkeit, von der linkischen Übung zur bewunderungswürdigen Pyramide: Symbol der Transgression zum Werk und zur Kunst, das indessen die allegorische Vorwegnahme eines anderen Übergangs ist, den es, in sich selbst ungenügend, ankündigt und der, im Schoße des Todes, zur Vollendung der Liebe führte:

»Wo, o *wo* ist der Ort – ich trag ihn im Herzen –,
wo sie noch lange nicht *konnten*, noch von einander
abfieln, wie sich bespringende, nicht recht
paarige Tiere; –
wo die Gewichte noch schwer sind;
wo noch von ihren vergeblich
wirbelnden Stäben die Teller
torkeln [...]

Pablo Picasso, *Die Familie des Gauklers* – 1954

Und plötzlich in diesem mühsamen Nirgends, plötzlich
die unsägliche Stelle, wo sich das reine Zuwenig
unbegreiflich verwandelt –, umspringt
in jenes leere Zuviel.
Wo die vielstellige Rechnung
zahlenlos aufgeht.
[...]

Engel!: Es wäre ein Platz, den wir nicht wissen, und
    dorten,
auf unsäglichem Teppich, zeigten die Liebenden, die's hier
bis zum Können nie bringen, ihre kühnen
hohen Figuren des Herzschwungs,
ihre Türme aus Lust, ihre
längst, wo Boden nie war, nur an einander
lehnenden Leitern, bebend, – und *könntens,*
vor den Zuschauern rings, unzähligen lautlosen Toten:
    Würfen die dann ihre letzten, immer ersparten,
immer verborgenen, die wir nicht kennen, ewig
gültigen Münzen des Glücks vor das endlich
wahrhaft lächelnde Paar auf gestilltem
Teppich?«

Offenbar ist für Rilke der Sprung von der Ungeschicklichkeit
zur akrobatischen Gewandtheit nur der Übergang von einem
reinen Zuwenig zu einem *leeren Zuviel,* das akrobatische Meisterstück gehaltloses Können: die großartige Errungenschaft
– ein lächerlicher Triumph.
    Ähnlich verhält es sich bei Picasso mit gewissen *themati-*
schen Konstellationen, die mit sonderbarer Beständigkeit wiederkehren und die vielleicht ebenso mythische Projektionen
der Malerpersönlichkeit sind: Zwischen dem Bild Gottes und
demjenigen des Tiers eine Wahl zu treffen, diese Entscheidung weist der Maler oft von sich: Er formt göttliche Tiere
oder tierische Götter. Dem Tier gegenüber aber ist er auch

114

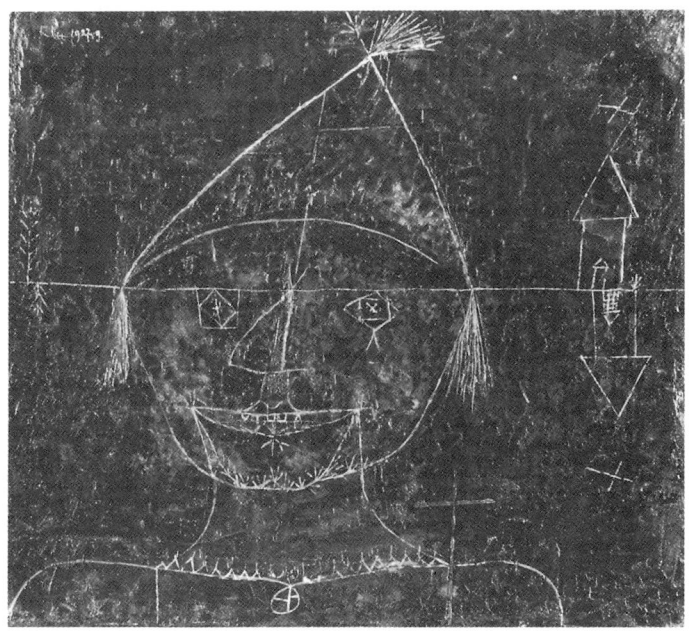

Paul Klee, *Narr der Tiefe* – 1927

der geschickte Bändiger, der mörderische Torero, der mit
dem Tod spielende Gaukler. Und angesichts der Selbsthin-
gabe des weiblichen »Modells« verwandelt sich der Künstler
bald in Jupiter, bald in einen Clown. Zur Zeit der *Parade* war
Picasso an den von Jean Cocteau eingefädelten Gesell-
schaftsskandalen beteiligt, der, ein leichtsinniger Orphiker
der Music-Hall, das Trapez als das unvergleichliche Vehikel
zum Paradies empfahl. In der Kunst Picassos – in seinem
Suchen und in den Metamorphosen seines Werks – stoßen wir
immer wieder auf die Obsession der *Übergänge:* auf den un-
ablässigen Austausch zwischen göttlicher Bewußtheit und
dem dunklen Instinkt der Tiere, auf den Wechsel von einer
»Manier« zur nächsten, das heißt von einem *Nicht-Können* zu
einem neuartigen *Können,* dessen »leeres Zuviel« den Künst-

115

Paul Klee, *Gefangener Pierrot* – 1923

ler bald beunruhigen und anreizen wird, auf neue glückliche Entdeckungen zu lauern. Jedes Detail im Werk Picassos beschwört das mysteriöse Hin und Her zwischen den verschiedenen Daseinsebenen, das Überschreiten verbotener Schwellen, das Hinwegsetzen über Grenzen, das Zusammenführen von Gegensätzen, bis sie einander berühren: Die Ansprüche des Malers setzen sich genau aus den Elementen zusammen, die wir nach und nach zur Person des Clowns sich fügen sahen.

So ist der Clown vor unseren Augen gewachsen wie der Harlekin in dem Gedicht Apollinaires. Er hat vielschichtige Bedeutungen erlangt, die immer gewichtiger und immer verwirrender wurden.

Aber widersprechen sich diese Bedeutungen nicht gegenseitig? Schließt nicht die eine die andere aus? Sicherlich. Der tolpatschige Clown gleicht dem behenden Possenreißer in keiner Hinsicht. Der dumme August ist nicht Harlekin. Der Opferclown (als wüstes Trugbild Christi) scheint mit dem gegen alle Regeln verstoßenden Harlekin (einem hübschen Ersatzteufel) nichts gemein zu haben. Doch indem sich der Künstler bald mit dem einen, bald mit dem andern identifiziert, weist er uns auf eine mögliche Ähnlichkeit hin, so wie sich ja auch Engelsgebaren und Satanismus ähneln – es sind die einander entgegengesetzten, komplementären Tendenzen des Verlangens, über das Irdische hinauszugehen oder, genauer, das Zeichen einer *anderswo herstammenden* und *anderswo hinzielenden* Leidenschaft in die Welt zu setzen . . . In der Rolle des Sühneopfers wird der Clown aus der Welt verstoßen; er nimmt unsere Sünden und unsere Schande auf sich, mit sich in den Tod und läßt dadurch uns selbst zum Heil gelangen. In der Rolle des dämonischen Gesetzesbrechers taucht er als Eindringling aus finsterer Versenkung in uns auf – vielleicht ist er jener, der anfangs verbannt, verdrängt worden war, vielleicht ist er die Bedrohung, die es nicht lange in der Vergessenheit aushält. Je besser es uns nun freilich gelingt, dieses Wiederauftauchen, diesen Tanz der dunklen Macht in uns nach außen hin *spielerisch* zu verkörpern, desto milder wird der »alte Plagegeist«, schwingt sich zu neuem Leben auf und schüttelt seine Vergangenheit in hellstem verschwenderischen Gelächter von sich. Das heißt nicht, daß die teuflische Gestalt niemals wiederkehren und imstande sein wird, die Schwachen ins Verderben zu ziehen: Der groteske Teufel der *Geschichte vom Soldaten* hat diesen völlig in seiner Gewalt, sobald der zum Herrscher gewordene Soldat die Verrücktheit begeht, die Grenzen seines Reichs zu *überschreiten* ...

Da der Clown also jener ist, der von anderswo herkommt – der Wegmeister einer mysteriösen Passage, der Schmuggler, der verbotene Grenzen überschreitet –, begreifen wir, weshalb im Zirkus und auf der Bühne von jeher seinem *Auftritt* erhebliche Bedeutung beigemessen wurde. Es geht dabei für den Komiker nicht allein um ein Problem der Technik, wie man einfachheitshalber angenommen hatte. Dieses technische Problem – von dem die Autorität abhängt, mit der sich der Schauspieler vom ersten Augenblick an bei seinem Publikum durchsetzt – ist nur die rationalisierte Kehrseite eines viel gebieterischeren Anspruchs. Jeder wahre Clown taucht aus einem anderen Raum, aus einem anderen Universum auf: Sein Auftritt muß glaubhaft machen, daß er die Grenzen des Realen überschreitet, und selbst in der heitersten Ausgelassenheit soll er wie ein *Spuk* erscheinen. Die Pforte, durch die er die Arena betritt, ist nicht weniger schicksalhaft als das Elfenbeintor, von dem es bei Vergil heißt, die aus dem Orkus aufsteigenden Traum- und Trugbilder hätten es durchquert. Ein gähnender Abgrund bildet den Rahmen seines Erscheinens, und aus diesem heraus wirft er sich uns entgegen. Der Auftritt des Clowns soll uns jenes »mühsame Nirgends« spürbar machen, von dem Rilke spricht; es ist sein Ausgangsort, der nun hinter ihm liegt. Und Ähnliches gilt für den Akrobaten: Das »mühsame Nirgends« liegt unter seiner

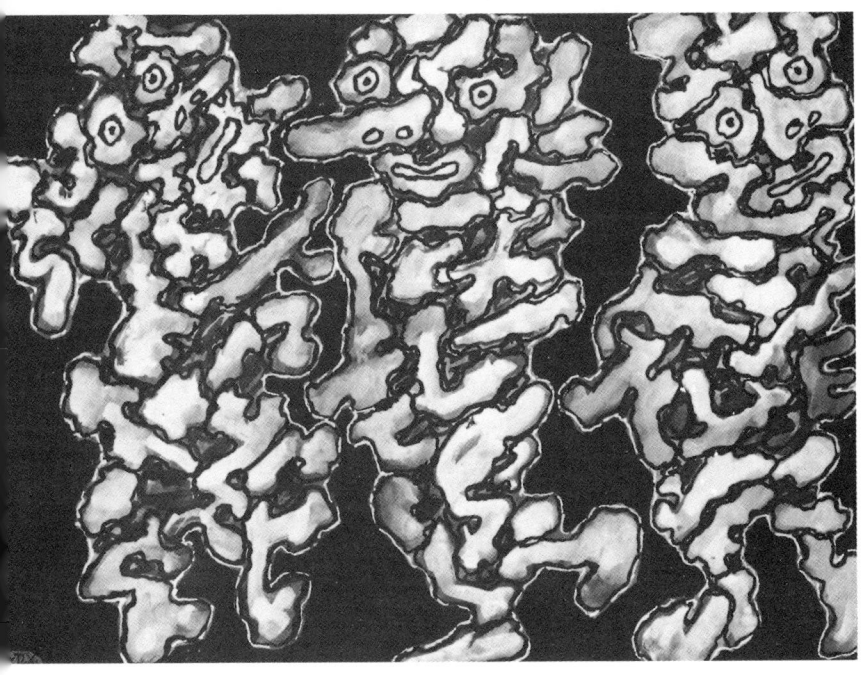

Jean Dubuffet, *Drei Personen* – 1961

Ferse, und der Übergang vollzieht sich vor unseren Augen – im Augenblick der Überwindung, des Absprungs, des waghalsigen Satzes. Fast bin ich geneigt, dem brennenden Reifen, den die Kunstspringer und die dressierten Tiere durchfliegen, einen analogen symbolischen Wert beizumessen: eine sichtbare Scheidelinie wird mit Erfolg überquert, eine Begrenzung mit federnder Leichtigkeit übersprungen. Der siegreiche Akrobat taucht jenseits davon wieder auf, in neuen Existenzformen.

Es wäre ein leichtes, die gleichnishaften Interpretationen weiter zu mehren. Ist nicht die kreisrunde Arena figürlich die Welt? Und, um auf eine Eingebung Banvilles und Rilkes zurückzukommen, gleichen nicht die Zuschauer, die die weite »Rose des Zuschauns« bilden, jener himmlischen Rose, die eine der letzten Visionen in Dantes Paradies ist? Doch man soll sich vor solcher allegorischer Überfrachtung hüten, denn

Lyle Bongé, *Mardi gras*, Photographie

damit würde man den Clown, den Gaukler, die Zirkuswelt in eine klar umrissene Bedeutung einschließen und sie an eine Daueraufgabe binden. Um aber überhaupt leben zu können, müssen sie zuerst ihre Freiheit genießen. Man sollte ihnen also nicht voreilig eine Rolle, eine Funktion, einen Sinn zuweisen. Sie brauchen unsere Befugnis, nichts weiter als Unfug und Verspieltheit zu sein. Die Absichts- und die Bedeutungslosigkeit sind für sie Heimatluft. Erst um den Preis dieser *Vakanz*, dieser ursprünglichen *Leere* können sie zu den Bedeutungen gelangen, die wir in ihnen entdeckt haben. Sie müssen eine enorme Menge Un-Sinn anhäufen können, damit dieser in Sinn *übergehen* kann. In einer dem Nützlichen verschriebenen Welt, die von einem engmaschigen Netz signifikanter Verhältnisse durchwoben ist, in einem praxisbezogenen Universum, wo alles schon seine Funktion, seinen Gebrauchs- oder Tauschwert hat, zerreißt der Auftritt des Clowns einige Netzmaschen und schlägt in die erstickende Fülle der festgeschriebenen Bedeutungen eine Bresche, durch die ein Hauch von Unruhe und Bewegung hereinwehen kann. Der Unsinn, dessen Bote der Clown ist, nimmt also in einem zweiten Schub den Wert einer Infragestellung an; er ist eine Herausforderung an die Unerschütterlichkeit unserer Gewißheiten. Dieser Anflug von Sinnlosigkeit zwingt uns, alles, was als notwendig galt, neu zu erwägen. So kommt der Clown gerade dadurch, daß er zunächst die Bedeutungslosigkeit selbst ist, zu der sehr hohen Bedeutung eines Widersprechers: Er zieht alle verabredeten Bejahungssysteme in Zweifel, er führt in die undurchdringlich scheinende Kohärenz der etablierten Ordnung die Leere ein, dank welcher der endlich von sich selber gelöste Zuschauer über seine eigene Schwerfälligkeit lachen kann. Die reine Absurdität läßt sich in eine polyvalente Figur verwandeln: in die Figur des Eindringlings, der sich entweder durchsetzt oder verstoßen wird; des Sühneopfers oder des höhnischen Dämons; des zuversichtlichen Aufsprungs oder des Sturzes in

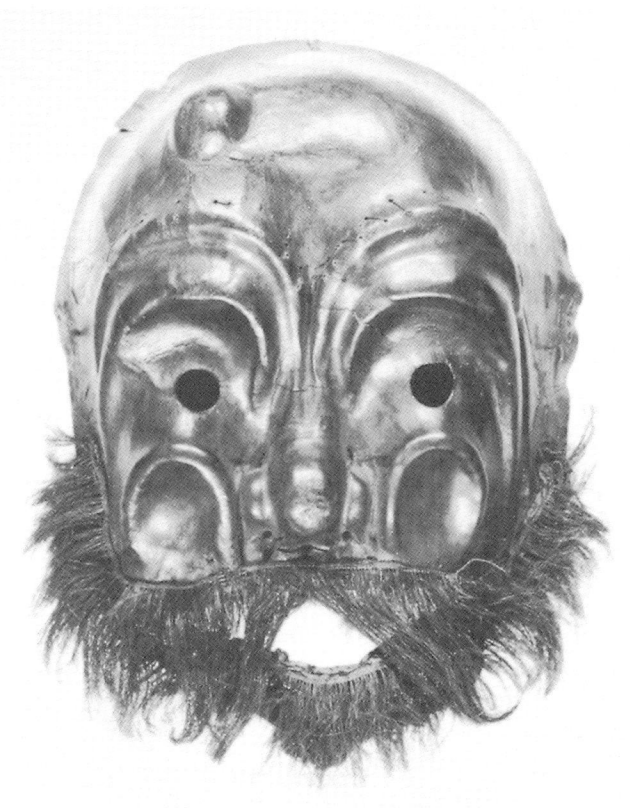

Maske eines Zanni – 17. Jh.

den Abgrund. Eine Kette von Echos verbreitet sich, deren Entwicklungen den Rahmen des Zirkus sprengen. Denn die Funktion des Clowns, soweit ich sie nun beschrieben habe, setzt eine organisch strukturierte Gesellschaft voraus, die verkappten oder offenen Widerspruch – in institutionalisierter Form – hinzunehmen weiß. Wenn sich die soziale Ordnung auflöst, verschwindet der Clown allmählich von der Bühne und von der Leinwand des Malers. Dann freilich tritt er auf die Straße hinaus: Er ist jeder von uns. Es gibt keine Schranken mehr, also auch keinen Sprung über sie hinweg. Was bleibt, ist die Lächerlichkeit.

Anhang

Einige allegorische Bürgen
des Poeten

Baudelaire hat mancherlei Figuren allegorisch für den Poeten einstehen lassen. In mehreren Texten erscheint dieser Bürge – entschlossen, sich verlachen zu lassen – in Gestalt des Narren, des Toren, des Gauklers, des Possenreißers oder des Jongleurs. Damit nimmt Baudelaire einen Gemeinplatz der Romantik wieder auf. Es genügt, an einige bekannte Werke zu erinnern: *Fantasio, Le Roi s'amuse* . . .

Die Entstehungsgeschichte dieses Gemeinplatzes verdiente eine eingehende Studie. Es ließe sich einerseits aufzeigen, wie die Schriftsteller der Versuchung erlagen, eine mythische Vorstellung des Künstlers zu bilden, eine Maskerade zu erfinden, ein spektakuläres *alter ego*. Setzte man diese Identifikation mit dem Narren andererseits zu anderen imaginativen Projektionen in Bezug, so würde eine zweifache Tendenz deutlich: Der Schriftsteller projiziert seine soziale Herabsetzung und seine Isoliertheit bald auf den fürstlichen Stand, bald auf die Verworfenheit des Parias, insbesondere auf die des geistigen Parias, der der Narr ist. Die sozialen Strukturen einer vergangenen Welt, die nur noch Legende ist, ermöglichen es dem Schriftsteller, sich frei eine extreme Rolle auszusuchen, in der sich seine Revolte in ein ästhetisches Emblem verwandeln wird.

Auf dem Höhepunkt seiner Entwicklung beschränkt sich dieser romantische Mythos nicht auf die adelnde oder auf die ironisierende Hyperbel. Es braucht vielmehr das Scheitern, das die Überlegenheit des Bluts oder die geistige Überlegenheit hintertreibt. Der Fürst wird enteignet, in die Verbannung geschickt oder völligem Unverständnis ausgesetzt; und auch der Narr muß schmachten, wird erniedrigt und beleidigt und steht mittellos denjenigen gegenüber, die ihn verhöhnen. Im einen wie im anderen Fall ist die so begründete Rolle die eines Ausnahmewesens, dessen einsames Schicksal darin besteht, sich zur Schau zu stellen und die Macht entschwinden zu sehen, zu der ihm eine gerechte Ordnung der Welt hätte verhelfen sollen. Hamlet verdankt einen Teil seines romantischen Ruhms der Tatsache, ein entrechteter Prinz zu sein, der ungeheuerlicherweise in die Rolle des Narren schlüpft: Der betrogene Sohn spielt gegenüber dem Thronräuber die Rolle desjenigen, der verschleiert (oder unverblümt) die Wahrheit ausspricht – die gleiche Rolle, die Yorick gegenüber dem legitimen König innehatte.

Der Fürst. Der Narr. Im 19. Jahrhundert lassen sich diese beiden Rollen nur in sehnsuchtsvoller oder metaphorischer Manier denken. »Als Kind wollte ich einmal Papst sein – aber Militärpapst –, dann wieder Komödiant«, heißt es in *Mon Coeur mis à nu*. Nun stand zwar Charles Baudelaire sehr wohl die Laufbahn eines Komödianten offen, diejenige eines Militärpapstes aber war nichts weiter als aussichtslose Träumerei – von diesen beiden imaginären Rollen ist gerade die erhabenere, die einen Drang nach »Höherem« mit einschließt, von vornherein durch ihren Anachronismus verbaut. Papst oder Komödiant, es handelt sich um eine ästhetische Erfindung, die von Irrealität strotzt, wobei der junge Baudelaire genau erkannt hat, welche Einsamkeit er sich damit zumutet – am einen oder anderen Ende einer imaginären sozialen Stufenleiter. Ein innerliches Verhängnis jedoch – der Spleen – wird schon früh diesen erträumten Glanz durch die Melancholie des Scheiterns und der Ohnmacht trüben.

Der doppelte Anspruch – fürstlich und närrisch –, der die romantische Künstlermythologie kennzeichnet, ist auch bei Baudelaire ausgeprägt, allerdings mit dem (beträchtlichen) Unterschied, daß Baudelaire ein scharfes Bewußtsein des Charakters bewahrt, den diese beiden Rollen spielen. So spricht er als Fürst:

»Je suis comme le roi d'un pays pluvieux . . .«[1]

Aber seine Muse ist ein »saltimbanque à jeun«, ein Gaukler-kind mit hohlem Magen, das seine Reize darbietet, um dem Pöbel Ergötzen zu bereiten (»pour faire épanouir la rate du vulgaire«).

Gewiß, das sind nur zwei Masken oder zwei Allegorien unter vielen. Sie haben jedoch die Besonderheit, sich wie genaue Gegenstücke zu verhalten, sich komplementär zu ent-sprechen. Sie bilden ein Paar. Eine tausendjährige Tradition verknüpft sie in dem Mißverhältnis, das ihren Gegensatz her-ausschreit. Zum jungen, todgeweihten König gesellt sich selbstverständlich der Narr, allerdings ein wirkungsloser, ein erfolgloser Narr:

»Du bouffon favori la grotesque ballade
Ne distrait plus le front de ce cruel malade. «[*]

Wie man sieht, besinnt sich Baudelaire des shakespearischen Paares, Prinz und Narr, von dem die Romantiker hingerissen waren. Doch ruft er dieses Bild nur hervor, um es sogleich in den Wind zu schlagen – die nichtigen Reize sind verflogen. In *Une Mort héroique* erscheint das gleiche Paar wieder, jedoch wie immer dazu bestimmt, aus dem Gleichgewicht zu gera-ten und auseinanderzubrechen – zunächst durch die Revolte, sodann durch den Tod des Narren.

Der Narr gehört einer früheren Welt an. Im Gedicht *Spleen*, das wir soeben zitiert haben, aber auch in *Une Mort héroique* und in *Le Fou et la Vénus* führt uns Baudelaire in die Unfaßlichkeit einer legendären Vergangenheit, etwa im Kolorit einer imaginären Renaissance: Der Narr trägt dort

---

1 »Ich bin gleich dem König eines Regen-Landes . . .« *Les Fleurs du Mal*, LXXVII.
* »Des Lieblingsnarren schaurig dummes Lied entwölkt nicht mehr die Stirne dieses grausam Kranken.« A. d. Ü.

Livree, und sein Haupt ist »mit Hörnern und Schellen geschmückt«. Doch Baudelaire versagt es sich auch nicht, aus Fancioulle eine von modernen Ideen: »Vaterland und Freiheit«, beseelte Gestalt zu machen. Hinzu kommt, daß seine Kunst eng mit der des »bedauernswerten Deburau« verwandt ist.

In der Modernität verästelt sich das Komödiantentum. Das Prosagedicht *Les Vocations* läßt geradezu an eine Zersplitterung denken. Die Verlockung der Schauspielerei spaltet sich in zwei gleichzeitige Ansprüche: einerseits die Berufung zum Theater im strengen Sinn, die sich in den wundervollen »großen und traurigen Palästen« erfüllt; andererseits der Ruf der Fahrenden, die gauklerische Versuchung, das Lärmen der Zigeuner: »Musik von Wilden«. Die letztere Berufung ist es, mit der der Dichter liebäugelt, wenn die Nacht hereinbricht. Die Gaukler werden in einer Reihe entschieden moderner Gedichte erscheinen[2], obwohl sie ihre Vorläufer im Universum Callots haben, an den die *Bohémiens en Voyage* anklingen. Übrigens wird Baudelaire seine gelegentliche Identifikation mit dem Gaukler in einem Brief an Madame Aupick vom 5. Juni 1863 offen kundtun: »Ich werde vorbeikommen, in drei Jahren, vielleicht in einem, durch deinen rechtlichen Rat [...], so wie ein Gaukler durch einen Papierkringel.« Diese Rolle ist weder unvereinbar mit dem Dandytum, noch steht sie in unverträglichem Widerspruch zum Satanismus. In einem frühen Text *(Symphonie littéraire)* von eigenartiger, intuitiver Genauigkeit, in dem Mallarmé das baudelairesche Universum beschreibt, erkennen wir flüchtig den »Gaukler Satan, der hinterrücks verstirbt«.

Wir sehen hier das Genie Baudelaires am Werk, wir können mitverfolgen, wie es ererbte Themen nach den eigenen Ab-

2 *La Muse vénale* (Die käufliche Muse), *Le Vieux Saltimbanque* (Der alte Gaukler), *Les Vocations* (Die Berufungen), *Les Bons Chiens* (Die braven Hunde).

sichten bearbeitet, umformt und anverwandelt – Stoffe, die zu Banalitäten verkommen und bei der Mehrheit seiner Zeitgenossen längst verbreitet waren.

Die von zähen und zugleich vagen mythischen Erinnerungen durchdrungene literarische Tradition bot Baudelaire zwei grundsätzlich verschiedene Narrengestalten an. Einerseits den gewitzigten, listig-verschmitzten Schelm, den Wortjongleur, Sänger oder behenden Tänzer, dessen Virtuosität alle Schwierigkeiten spielend überwindet; das ist der merkurische Gaukler, der für die Renaissance ausdrücklich im Zeichen des Hermes stand; Ariel, Puck, der musikalische Clown Shakespeares; sein moderner Nachfahr ist der akrobatische Clown, an dessen Beschwingtheit sich Banville und Gautier ergötzten. Andererseits stoßen wir auf das Umkehrbild dieses selbstherrlichen Luftikus: eine Figur, die so *linkisch* ist, daß sie von Beginn an in Gegensatz zur Gewandtheit (*dextérité*) der anderen steht – der ungeschlachte Tölpel, der Flegel, der schlafmützige Hinterwäldler mit seinen rudimentären Begierden; das Theater Shakespeares ist ebenfalls mit einigen überzeugenden Exemplaren dieser Gattung ausgestattet (z. B. Launce in *Die beiden Veroneser*), und auf den Bühnenbrettern des Kontinents nähren die Hanswurste, die dummen Auguste oder die Pierrots diese im Grunde tieftraurige Komik, die aus erbärmlicher Ungeschicklichkeit erwächst. Kurz, das Universum der Narrenfigur ist bipolar, und eben daraus wird Baudelaire, der immerfort einfühlsam auf antithetische Werte reagiert, beträchtlichen Nutzen ziehen. Fancioulle und die Fanfarlo sind uneingeschränkt wendige Wesen; sie sind Kinder des Merkur. Der Alte Gaukler hingegen ist die Verkörperung des Linkischen, und seine Unbeholfenheit wird bis zu jenem Punkt getrieben, an dem das Lachen erstickt und nur noch ein mit Mitleid durchmischtes Grauen übrigbleibt.

Der Clown, den Banville zum Helden seines *Saut de*

131

*Tremplin*³ macht, durchbricht, ungeachtet der »Wunde, die in seiner Weiche klafft«, den Zelthimmel, um »in die Sterne zu rollen«. Der *Albatros* Baudelaires – eine weitere Allegorie des Dichters – hat einst, zu Beginn, in den Lüften geherrscht. Er ist ein »Fürst der Wolken«, einer der »Könige der Bläue«. Aber er ist ein gestürzter Fürst, ein König, der zum Hanswurst geworden ist:

»Ce voyageur ailé, comme il est gauche et veule!
Lui, naguère si beau, qu'il est comique et laid!«*

Es gibt keine härtere Entgegnung auf Banvilles leichten ästhetischen Optimismus: Die Kunst, meint Baudelaire, ist gerade nicht der Apotheose geweiht⁴; für den Künstler werden die Wonnen des Triumphs nicht von Dauer sein.

Meines Erachtens liegt die höchste Originalität, die versehrende Schärfe der baudelaireschen Erfindung darin, in ein und derselben Figur Triumph und Niedergang, Flügelschlag und Verhängnis vereinigt zu haben. Erwähnt Baudelaire das Mimenspiel eines genialen Narren, so heißt das für uns, alsbald auch seinen tödlichen Sturz beschrieben zu finden. Entwirft er hingegen das pathetische Bild des reglosen Alten Gauklers, dann nicht ohne beiläufig an die Vergangenheit zu erinnern, in der dieser ein vielbeklatschter Spaßmacher war. In beiden Parabeln scheint uns Baudelaire die tödliche Rückseite des ästhetischen Triumphs vor Augen stellen zu wollen. Er war, in der Tat, der erste, der den Typus des *tragischen Clowns* in seiner ganzen Spannweite erfaßte, und dieses Clownsbild sollte, von Georges Rouault bis zu Samuel

---

3 Letztes Stück der *Odes funambulesques.*

* »Dieser geflügelte Reisende, wie ist er linkisch und schlaff! Er, unlängst noch so schön, wie ist er lächerlich und häßlich!« *A. d. Ü.*

4 Sich über Banville äußernd, schreibt Baudelaire: »Alles – Menschen, Landschaften, Paläste – wird in der lyrischen Welt sozusagen *unter die Götter versetzt.« Œuvres complètes,* Paris 1961, p. 737.

Beckett, quer durch die Malerei und die Literatur mehrerer Jahrzehnte fortbestehen. Sogar die Tänzerin Fanfarlo gehorcht – obschon, darin der Weiberfeindlichkeit des Dichters entsprechend, auf läppische und banale Weise, nämlich indem sie träg und dicklich und eine »lorette ministérielle« wird – dem allgemeingültigen Gesetz des Absturzes, des Niedergangs, das Baudelaire jenen auferlegt, die zunächst den Ruhm des Luftsprungs genossen haben.

Zweifellos löst das Bild des tragischen Clowns nur eine mythische Tradition ab, deren Andenken im Zirkus des 19. Jahrhunderts noch nicht gänzlich verloren gegangen war. Die Untersuchungen der Anglisten haben es klar genug an den Tag gebracht: Zumindest einer der clownesken Typen des elisabethanischen Zeitalters, der Tor, läßt sich als später Abkömmling jenes Königs der Lachhaftigkeit identifizieren, dem es vorbehalten war, zur Zeit der Ackerbau-Riten ein Sühneopfer vorzutäuschen. Was dagegen den andern clownesken Typus betrifft, den prustenden und flink sich plusternden, so geht er von einem diabolischen Prototyp aus, *Vice*, dem die mittelalterlichen Mysterienspiele einen wichtigen Platz einräumten, indem sie ihn im Haushalt des menschlichen Heils eine indirekte Rolle spielen ließen.[5]

Das Jahrmarkt-Gepränge nimmt diese Tradition mit einer Naivität auf, die einige ihrer Grundzüge eher übertreibt als mildert. Es ist bezeichnend, daß Baudelaire, wenn er von den englischen Clowns spricht, mit Wohlgefallen bei den grausamen Bildern verweilt, in denen der Clown die Rolle des Opfers übernimmt. Insbesondere erregt die Parodie einer Hinrichtung seine Aufmerksamkeit: »Zuletzt sollte Pierrot guillotiniert werden, einer mir nicht mehr erinnerlichen Missetat wegen. [. . .] Nachdem Pierrot sich wie ein Rind, das den Schlachthof wittert, gesträubt und aus Leibeskräften gebrüllt hatte, ereilte ihn zuletzt sein Schicksal. Der Kopf löste

5 Siehe Enid Welsford, *The Fool. His Social and Literary History* (1935), New York 1961.

sich vom Nacken, ein dicker weiß und roter Kopf, und rollte polternd vor den Souffleurkasten, wobei das blutige Rund des Halses, der durchschnittene Wirbelknochen und alle Einzelheiten eines frisch zum Verkauf zurechtgeschlagenen Fleischstückes zu sehen waren. Alsbald aber, von unwiderstehlicher Diebslust getrieben, richtete der verkürzte Rumpf sich wieder auf, erschnappte siegreich den eigenen Kopf, wie einen Schinken oder eine Flasche Wein, und stopfte ihn, sehr viel gewitzigter als der große Saint Denis, in seine Tasche!«[6]

Für einmal – jedoch in einem posthumen Leben – erlangt der geopferte Clown die Fähigkeit zum akrobatischen Aufschwung zurück – als fideles Gespenst schnellt er wieder empor. Dennoch schwant uns dabei (gemäß einer Theorie, die Baudelaire lieb ist) Böses – mitten im Gelächter, in der Verschrobenheit spüren wir den Stachel der teuflischen Neugier auf den »blutigen Zerstörungsapparat«.

Fürwahr, in den Geschichten, die Baudelaire um die Narrengestalt flicht, entgeht keiner dem gemeinen Verhängnis – der Tor (in *Le Fou et la Vénus*), Fancioulle und der Alte Gaukler sind allesamt Leidensfiguren. Sie sind allegorische Repräsentanten einer »sakrifiziellen« Kunstauffassung.

Schauen wir uns das Geflecht der Gefühlsbeziehungen genauer an, das sich in *Une Mort héroique* entwickelt. Das Verhältnis des Fürsten zum Narren ist in dieser Erzählung sadistischer Natur, wobei die Grausamkeit beide Figuren kennzeichnet, obschon nicht in gleicher Weise. Der Fürst – wir haben es gesehen – hat gewisse Ähnlichkeiten mit dem »grausam Kranken« aus dem Gedicht *Spleen*. Fancioulle freilich hat sich nicht mit der traditionellen Rolle zufriedengegeben, die den närrischen Widerspruchsgeist bloß unehrerbietig schwatzen läßt: Er ist an einer Verschwörung beteiligt. Weil Baudelaire gesagt hat, Fancioulle sei »fast

6 »De l'essence du rire«, *Œuvres complètes*, a.a.O., p. 998 f.

ein Freund des Fürsten«, fällt auf das revolutionäre Projekt ein Schatten von Schuld; doch gleichzeitig erscheint ihm die perverse »Gunst« verwerflich, die der Fürst dem Verurteilten gewährt.

Gegeben ist zunächst der Aufstand gegen die Macht, eine erste Idee: die heftige Ablehnung des Fürsten durch den Künstler. (Wir möchten auf eine allzu ungehobelte psychologische Interpretation verzichten, die hierin einen Aufstand gegen den Vater erblickte. Und auch darauf, die Biographie des Dichters auszuschlachten und zu behaupten, Baudelaire spiele auf seine eigenen revolutionären Gefühle von 1848 an.) Es handelt sich um einen Verstoß gegen die etablierte Ordnung. Nun mag diese ungerecht und despotisch sein, das ändert nichts daran, daß die Gesetzesübertretung als Sakrileg gelten muß, denn sie ist nicht nur eine Revolte gegen die Obrigkeit, sondern ebenso ein Angriff auf die Freundschaft.

Die Parabel entwickelt sich als Geschichte einer seltsamen Erfahrung. Es besteht kein Zweifel, daß Baudelaire hierbei seinem eigenen imaginären Ich einige Züge entleiht, um sie dem Fürsten zuzuschreiben, dem »leidenschaftlichen Liebhaber der schönen Künste«, der »von Natur aus – und willentlich – ein Exzentriker« ist und dessen krankhafte Neugier mit Vorliebe die äußersten Grenzen der menschlichen Natur erforscht. Man erkennt in den beiden Hauptfiguren dieser Erzählung den Mann wieder, der (in *Mon Coeur mis à nu*) geschrieben hat: »Süß wär's vielleicht, abwechselnd Henker und Opfer zu sein.« Im vorliegenden Fall – obwohl es sich nur um eine Palastrevolte handelt – könnte man glauben, man habe es mit einer fast buchstäblichen Anwendung eines Gedankens zu tun, der sich in *Pauvre belgique* findet: »Nicht nur würde ich mich glücklich schätzen, Opfer zu sein, sondern ich hätte auch nichts dagegen, Henker zu sein – um die Revolution auf zwei Arten zu spüren!«

Es gefällt Baudelaire, uns über die Absichten des Fürsten im ungewissen zu lassen; dennoch ist klar, daß die unheilvolle Entscheidung erst fallen wird, wenn Fancioulle vor versammeltem Publikum seine Kunst zu höchster Blüte bringt. Da leuchten die Augen des Fürsten von einem »inneren Feuer« auf, »ähnlich dem der Eifersucht oder des Grolls«; er beugt sich zu dem kleinen Pagen und befiehlt ihm, einen Pfiff ertönen zu lassen. Die Entscheidung des Fürsten ist plötzliche Eingebung, improvisiert wie die Artistik Fancioulles. Dessen Pantomime ist sowohl vollendetes Kunstwerk als auch ungewisses Probieren und, gerade ihrer Vollkommenheit wegen, Vorspiel der Opferung. Das Gottesurteil wird, wie es die rituelle Tradition verlangt, die aus der Todesstrafe eine Art Volksfest macht, in »wahrer Feierlichkeit« vor den Ohren des versammelten Hofstaats gesprochen. Was das Ereignis allerdings erst recht spektakulär macht, ist, daß Fancioulle den verhängnisvollen Pfiff in eben dem Augenblick vernimmt, da er, auf dem Höhepunkt seines Könnens angelangt, dem Anschein nach mit dem Leben davonkommen wird: Das Todestheater ist ein Theatertod.

Die Kunst Fancioulles ist eng mit dem Begriff des Lebens verknüpft. Wir werden gleich feststellen können, daß Baudelaire gewissenhaft auf das Thema seiner Darbietung hinweist. Es ist das »Geheimnis des Lebens«: »Der Herr Fancioulle glänzte vor allem in stummen Rollen oder solchen, die nur mit wenig Worten beladen sind, und dies sind oft die Hauptrollen in jenen Märchenstücken, deren Ziel es ist, das Geheimnis des Lebens symbolisch darzustellen.« Zudem besteht die besondere Begabung Fancioulles darin, die flüchtige Bewegung und die Idealität zu einer vollkommenen Einheit zu verschmelzen. Diese seltene, kostbare Vereinigung der beiden Elemente des Schönen stellt uns vor ein »lebendes Meisterwerk der Kunst«: »Gelänge es einem Komödianten, im Verhältnis zu der Figur, der er Ausdruck verleihen soll, das zu sein, was die besten Statuen des Altertums – könnten sie wunderbarerweise lebendig und beseelt werden, könnten sie gehen und sehen – im Verhältnis zur allgemeinen und dunklen Idee der Schönheit wären, so würde man zweifellos von einem einzigartigen und nicht vorhersehbaren Fall sprechen. Fancioulle gelang an diesem Abend eine solch vollkommene Idealisierung, daß man unmöglich annehmen konnte, sie sei nicht lebendig, nicht möglich, nicht wirklich.«

Der unerhörte Triumph des Lebens in der Darbietung dieses »seltsamen Narren, der so gut den Tod narrte«, bewegt den verteufelten Fürsten dazu, die Probe aufs Exempel zu machen, um die überlegene Macht des Todes zu beweisen. Da die freie Improvisation zum Meisterstück gerät, sieht er sich zu einer schnellen Reaktion genötigt, die ebenfalls symbolischer Natur ist. Der »schrille Pfiff« ist das Zeichen einer Verweigerung, Zeichen der Ablehnung des Werks, der Kunst und des Künstlers. Und ein Kind ist der Vermittler der Verdammung – ist es unschuldig? verderbt? oder lediglich gehorsam? –, ein Kind, das dem lebenden Meisterwerk mit dem gellenden Signal des Hohns antwortet. In der Seele des Schauspielers verfehlt der Pfiff seine tödliche Wirkung nicht – die Nachricht ist die Hinrichtung. In seinem Künstler-Stolz verletzt, desavouiert, vermag Fancioulle nicht mehr weiterzuleben, er taumelt, stürzt ganz von selbst in den Tod. Man wird das Gefühl nicht los, der Fürst gehöre zu jener Sorte Henker, die ihre Opfer zum Selbstmord nötigen.

Zunächst triumphierte der Künstler, der Fürst schien bezwungen; nun sind sie Opfer und Henker geworden. Aber damit diese Umkehrung der Lage ihre volle allegorische Bedeutung entfalten kann, muß ein Zeuge eingreifen, der Erzähler. Die Geschichte wird uns durch eine aufmerksame Person berichtet, deren Gegenwart im Laufe der Geschehnisse – bis zum Kulminationspunkt – zunehmend spürbar wird. Dies ist die dritte Inkarnation Baudelaires in *Une Mort héroique:* Er ist dieses »hellseherische Auge«, das den Sinn der Szene erfaßt. Er hat sich unter die Menge gemischt, hat gesehen, hat verstanden. Sämtliche Fäden laufen in dieser dritten, beobachtenden Person zusammen; sie ist das höhere Gewissen, dank dem das Schauspiel eine »übernatürliche und ironische« Dimension gewinnt: »Dieser Narr kam und ging, lachte, weinte, krampfte sich zusammen, mit einer unzerstörbaren Strahlenkrone ums Haupt, einer für alle anderen unsichtbaren, für mich aber sichtbaren Strahlenkrone, in der sich, in seltsam inniger Verbindung, die Strahlen der Kunst und der Ruhm des Märtyrers mischten. Ich weiß nicht durch welche besondere Gnade, aber Fancioulle konnte das Göttliche und Übernatürliche auch in die ausgelassenste Narretei einfließen lassen. Meine Feder zittert, und Tränen einer immer noch gegenwärtigen Rührung steigen mir in die Augen, während ich euch diesen unvergeßlichen Abend zu beschreiben versuche. Fancioulle bewies mir auf zwingende, unwiderlegliche Art, daß der Rausch der Kunst besser als jeder andere die Schrecken des Schlunds zu verhüllen vermag; daß das Genie am Rand des Grabes mit einer Freude Komödie spielen kann, die es davon abhält, das Grab zu sehen, denn es hat sich in einem Paradies verloren, das jeden Gedanken an Gruft und an Vernichtung ausschließt.«

Wie man sieht, tritt im gleichen Atemzug mit der Großschreibung der Wörter *Art*, *Gloire* und *Martyre** in der allegorischen Deutung der Erzähler in Erscheinung. Auf diese Weise übernimmt Baudelaire in seiner innerlichen Dramaturgie sämtliche Rollen selbst, und in jedem Fall gibt er sich der Einsamkeit anheim. Er ist der in seiner Langweile und seiner »Absonderlichkeit« isolierte Fürst. Er ist der Künstler, den eine besondere »Gnade« auserwählt hat. Und er ist schließlich der scharfsichtige und privilegierte Zuschauer, der als einziger das übernatürliche Zeichen einer hybriden Heilig-

---

* Baudelaire hebt hier die Wörter *Kunst*, *Ruhm* und *Märtyrer* mit Majuskeln hervor, ein im Französischen übliches Verfahren, eine besondere, oft ins Pathos gehende Achtung vor einem Begriff anzuzeigen. A. d. Ü.

keit über dem Kopf Fancioulles wahrzunehmen vermag ...
Alles endigt im Akt des Schreibens, in dem, verwirrt durch
die Erregung – »meine Feder zittert« –, die Erinnerung an die
grausame Szene aufsteigt, die Baudelaire mit sich selbst
spielt.

Der ausgepfiffene Narr bricht zusammen. Der Fürst hat
seine Neugier befriedigt. Der Zeuge hat erfahren müssen,
daß die Kunst, obschon sie für einen Augenblick die
»Schrecken des Schlunds« verhüllt, und selbst wenn sie sich
mit einer scheinbar »unzerstörbaren« Aureole zu schmücken
vermag, dennoch keine Unternehmung ist, die Heil und Ret-
tung versprechen, gar verbürgen kann. Glücklichstenfalls ist
sie eine erhabene Handlung am Rande des Grabes. Gerade
im Augenblick des vollständigen Erfolgs ist der Künstler am
zerbrechlichsten, ein ephemeres Schattengebilde. Dem höh-
nenden, verurteilenden Pfiff vermag er nicht standzuhalten.
Das Prosagedicht Baudelaires entwickelt sich so zur symbolischen *Reflexion* über das existentielle (und soziale) Scheitern
des Künstlers und über die Radikalität des Scheins, die zu
den Insignien der Kunst gehört.

Das, was *Une Mort héroique* in Form einer legendenhaften
Parabel ausdrückt und was wie eine »erstaunliche Geschichte« klingt, sagt uns Baudelaire in *Le Vieux Saltimbanque*
im Tonfall einer Pariser Chronik. Es ist dies einer jener zahlreichen Texte, welche durch folgende Bemerkung aus *Fusées*
erhellt werden können: »In gewissen, beinahe übernatürlichen Seelenzuständen offenbart sich die Tiefe des Lebens
ganz und gar im Geschehnis – so gewöhnlich es auch sein
mag –, das man vor Augen hat. Es wird zum Symbol davon.«

In *Une Mort héroique* nimmt der Antagonismus das drama-
tische Gebaren der Revolte und der Rache an. Das Unver-
söhnliche findet sich auch hier wieder, jedoch in der
milderen und statischen Form des fast bildlich greifbaren Ge-
gensatzes zwischen der Jahrmarkt-Atmosphäre und der

schaurigen Figur, die sich schließlich vor jenem ausführlich vorbereiteten Hintergrund abhebt. Denn Baudelaire befleißigt sich hier einmal mehr, die vielfarbige und geräuschvolle Trivialität eines Volksfests zu beschreiben, das Untertauchen eines einsamen Flaneurs in der Menge. Auf diesem Weg begegnen wir alsbald den Vertretern der merkurischen Behendigkeit, den »queues-rouges« und den »Jocrisses«. Die Geschicklichkeit, deren Schirmherr Hermes ist, wird von einem Taschenspieler verkörpert, »blendend wie ein Gott«, während »die Tänzerinnen, schön wie Feen oder Prinzessinnen, im Lichte der Laternen, das ihre Röcke funkeln« läßt, Luftsprünge vollführen. Um so schmerzlicher wirkt, im Kontrast dazu, die Reglosigkeit des heruntergekommenen Artisten, dessen Porträt der Dichter dann entwirft. Baudelaires geschärfte Aufmerksamkeit für die Beziehung zwischen den Figuren und ihrem »Hintergrund« ist eine der Lehren, die er aus seiner Vertrautheit mit der Malerei gezogen hat. Ein ergreifendes Beispiel dafür ist der Alte Gaukler.

Er gehört zu jener großen Familie, der in den *Fleurs du Mal* und im *Spleen de Paris* ein bevorzugter Platz eingeräumt wird – zur Familie der pathetischen Alten, die mit zweierlei Makeln geschlagen sind: Senilität und Armut. Wie bei vielen anderen baudelaireschen Alten hat sich auch das Leben des »Vieux Saltimbanque« sozusagen ganz in dessen Augen verkrochen, konzentriert sich im Blick, während es den Rest des Körpers verlassen hat. Daraus ergibt sich ein neuer Gegensatz: Auf sich gestellt, läßt der lebhafte Blick die unheilbare Erstarrung des Alten um so tragischer erscheinen: »Er lachte nicht, der Unglückliche. Er weinte nicht, er tanzte nicht, er fuchtelte nicht mit den Händen, er schrie nicht; er sang kein Lied, kein lustiges und kein klägliches, er flehte um nichts. Er war stumm, er tat keinen Wank. Er hatte entsagt, er hatte abgedankt. Sein Schicksal war besiegelt.

Aber welch tiefen, unvergeßlichen Blick ließ er über die Menge und über die Lichterflut gleiten, deren Bewegung ein paar Schritte vor einem abstoßenden Elend zum Einhalt kam!«

Fancioulle war durch den langgezogenen Pfiff tödlich getroffen worden, gerade als er den Höhepunkt seiner Könnerschaft erreichte – der Tyrann bewies damit die Verletzlichkeit des Menschen auch im Triumph der Kunst. Der Alte Gaukler dagegen ist die leibhaftige Chiffre des Scheiterns. Er stellt seinen sprachlosen Verfall, das Versiegen der Energie und des Willens, seine fatale Hilflosigkeit schamlos zur Schau. Die eindringliche Reihe von Verneinungen, mit der Baudelaire die erstarrte Haltung der Figur beschreibt, vervielfältigt ihre erzwungene Tatenlosigkeit, ihre Passivität – ihre *Passion*. Uns, die wir das Schicksal Baudelaires kennen, erscheint die Stummheit des Alten Gauklers wie eine prophetische Anspielung auf sein eigenes späteres Verstummen.

Fancioulle und der Alte Gaukler, diese aufgrund ihrer eigentümlichen, einzigartigen Züge ganz und gar gegensätzlichen Figuren, erhalten durch Baudelaires Erzähltechnik einen gemeinsamen Sinn: Beide erscheinen in dem Rahmen einer feindseligen oder gleichgültigen Festlichkeit. Mittels des privilegierten, erschütterten Zeugen, der der Erzähler ist, können wir zudem den »Schlund« hinter ihnen erkennen, den Abgrund, das Nichts. Beide werden uns am Ende ihrer Laufbahnen gezeigt, der eine im Paroxysmus eines vergeblichen Triumphs, der andere in seiner Reglosigkeit, in der Paralyse. Ihnen ist die Zukunft verwehrt. Während Fancioulles jäher Tod an den Sturz des Ikarus oder an den Euphorions (im zweiten Teil des *Faust*) gemahnen mag, ist des Alten Gauklers regloses Überleben ein Sterben ohne Ende. Der läppische Plunder, die erbarmungswürdige Zurschaustellung taugen zu nichts und wieder nichts, sie entfesseln nur Leere. Exponiert vor seiner kleinen Hütte, verharrt der tragische Alte steinern in der Pose des Artisten, der sich von der Menge abgesondert hat, um sich dem Schönen zu widmen; doch er stellt sich weiterhin zur Schau, in der verrückten Hoffnung, ein Publikum zu finden, dem er sich »hergeben« könnte. Zu dieser ersten Trennmauer (die einen Begriff von der eigentümlichen Isoliertheit des Künstlers gibt) kommt eine andere hinzu: Der Alte ist nicht mehr interessant, also wendet man sich von ihm ab und vergißt ihn.

In beiden Texten entscheidet sich das Schicksal des märtyrerhaften Narren oder närrischen Märtyrers an dem Punkt, da ein innerliches Verhängnis (hier die Verlebtheit, dort der verletzliche Hochmut) auf eine äußere Gewalt trifft (die Gleichgültigkeit des Publikums einerseits, die Feindseligkeit des Fürsten andererseits). Der Alte Gaukler kann aus sich heraus keine Kräfte mehr mobilisieren, und seine Kunst hat keinen Empfänger mehr.

Der Sadismus des Fürsten offenbarte sich in der Schärfe eines eifersüchtigen Blicks – er erwiderte der Virtuosität Fancioulles mit einem blitzartigen, abgefeimten Angriff. Nun scheint jedoch die Reglosigkeit des Alten Gauklers eine genauso vernichtende Grausamkeit herauszufordern. Diese Grausamkeit besteht allerdings darin, den ruinierten Artisten *nicht mehr wahrzunehmen*. Während die Beziehung des Fürsten zum Narren – die einem Liebesverhältnis nahekommt – durch jene Boshaftigkeit gekennzeichnet ist, die Baudelaire üblicherweise den Taten des Verliebten zuschreibt (dem *duellum*, in dem sich die Unmöglichkeit einer Vereinigung in einem Kampf auf Leben und Tod äußert), schaffen die Gleichgültigkeit der Menge und die Reglosigkeit des Alten Gauklers eine unüberwindliche *Distanz*: Die Entfernung schließt jeden Austausch, jede Begegnung aus. Dem ohnmächtigen Künstler steht ein bewußtloser Henker gegenüber.

Die tödliche Ablehnung liegt also einerseits in der äußersten *Aufmerksamkeit* des eifersüchtigen Fürsten begründet, andererseits in der totalen *Achtlosigkeit* der Menge. In beiden Konstellationen ist der Künstler verloren, und der heldenhafte Tod des einen erscheint wie ein Hohlbild des anti-heroischen Überlebens des anderen.

Daß sich Baudelaire – als Zeuge und Erzähler – selbst in Szene setzt, ist in vielen seiner Prosagedichte der Fall. Aber *Une Mort héroique* und *Le Vieux Saltimbanque* weisen – ich beharre darauf – eine zusätzliche Ähnlichkeit auf – im einen wie im andern Text wird der Zeuge unvermittelt von Rührung ergriffen.

»Meine Feder zittert, und Tränen einer immer noch gegenwärtigen Rührung steigen mir in die Augen, während ich euch diesen unvergeßlichen Abend zu beschreiben versuche.«[7]

Und: »Ich fühlte, wie meine Kehle von der schrecklichen Hand der Hysterie zusammengedrückt wurde, und es war mir, als würden meine Augen von jenen widerspenstigen Tränen verdunkelt, die nicht rinnen wollen.«[8]

In beiden Fällen weitet sich die Beziehung, die sich zwischen Opfer und Henker entspinnt, zu einer »Dreiecksbeziehung« aus. Der Zeuge, der Erzähler, dessen demonstratives Mitleid zur Grausamkeit des Ereignisses einen Bezug herstellt, der sowohl Widerstand als auch geheimes Einverständnis einschließt, bemächtigt sich des Bildes einer Agonie – im starken Sinn dieses Wortes –, um es symbolisch auf sich selbst anzuwenden. Von nun ab verinnerlicht sich das Schauspiel, und das Gedicht erreicht seine höchste Vollendung in der Epiphanie einer Bedeutung, die, indem sie die Außenwelt ergründet, die Äußerlichkeit des dargestellten Ereignisses widerruft. Aus dem Bewußtsein des Todes und der Ohnmacht der Kunst entsteht so eine neue, von Grund auf moderne Kunst.

---

7 *Une Mort héroique*.
8 *Le Vieux Saltimbanque*. Es ließe sich hier anmerken, daß Franz Kafka seinen bewunderungswürdigen *Hungerkünstler* mit einer Feder schrieb, die nicht zitterte.

Bandello und Baudelaire.
Der Fürst und sein Narr

In einer Novelle Bandellos läßt ein Fürst seinen Narren, der eines Majestätsverbrechens angeklagt ist, eine Scheinhinrichtung erleiden; von schrecklicher Angst erfaßt, stirbt der Narr augenblicklich auf dem Schafott.[1] In einem Prosagedicht Baudelaires stirbt ein eines Majestätsverbrechens schuldiger Narr auf der Stelle, mitten in der Darbietung seines Könnens, vor den Augen des Fürsten, der dieses Ereignis zum Gegenstand eines psychologischen Experiments gemacht hat. Eine merkwürdige Ähnlichkeit verbindet diese beiden Geschichten miteinander; die Entsprechungen in den Details sind zahlreich, und sie sind frappant. Ebenso die Unterschiede. Darf man mutmaßen oder muß man annehmen, Baudelaire habe die Geschichte Bandellos oder wenigstens einen ihr nachempfundenen Bericht gekannt?[2] Das hieße, die Texte miteinander Fühlung nehmen zu lassen und durch den Kontakt, die Lektüre, die »Rezeption« (oder, wie man zu sagen beliebt, die Intertextualität) Rechenschaft über die Ähnlichkeiten abzulegen: eine vergleichende Rezension. Ebensogut könnte man sich auf einen *topos communis* berufen – zurückgreifen auf einen Archetypus, der hinlänglich universal wäre, um nicht auf den Wegen der Beeinflussung übermittelt worden zu sein. Man wird indes feststellen, daß das Sinngebende in einer solchen Gegenüberstellung die Abweichungen sind, die Differenzen. Auf dem gemeinsam

---

1 Über Matteo Bandello cf. Fritz Schalk, »Bandello und die Novellistik der italienischen Renaissance«, in: *Romanische Forschungen*, 85, 1/2, 1973, S. 96–118.

2 Die Geschichte, die in den verschiedenen Ausgaben der *Contes à rire* vorkam, war in Frankreich nicht unbekannt. Eine Zusammenfassung, ohne Quellenangabe, findet sich bei F. Ribes, in seinem *Traité d'hygiène thérapeutique*, Paris, 1860, S. 608.

zugrundeliegenden Stoff werden die Veränderungen, die Baudelaire vornimmt, zu aufschlußreichen Indizien; er kerbt das Zeichen seiner Kunst in diesen Stoff, indem er aus der Geschichte geradewegs die Allegorie des Künstlerschicksals macht.

Der Novelle Bandellos geht als Widmung ein Brief an Geronimo de la Penna voraus. Der Verfasser erinnert daran, den Adressaten des Briefs an einem Tag besucht zu haben, als dieser an Quartanfieber litt. Bei dieser Gelegenheit hatte er ihm, wobei er sich auf einen Dritten berief, gesagt, das Quartanfieber sei heilbar, und zwar durch einen jähen, heftigen Schrecken: »Vi dissi anco che altre volte avea inteso da non so chi, come a l'improviso una subita e grandissima paura fatta a uno quartanario, che senza dubbio quello liberava da essa quartana.«*

Der Kranke hatte ihm erwidert, daß ihm eine Heilung zu diesem Preis wünschenswert erscheine: »Voi mi rispondeste che molto volontieri avereste voluto che una grande e spaventevole paura vi fosse stata fatta, affine che voi rimanessi libero da quello fastidioso male, che ogni quarto giorno si fieramente con quello cosi freddo tremore e battere di denti vi assaliva e vi tormentava.«**

Dieser Wunsch des Kranken wird unerfüllt bleiben. In dem Brief an Geronimo de la Penna fügt Bandello hinzu, daß er vor drei oder vier Tagen, im Garten eines Freundes, Galasso Ariosto getroffen habe, und daß sie über die Krankheit Geronimos gesprochen hätten. Im Zusammenhang mit der Heilung des Quartanfiebers durch einen jähen Schrek-

---

* »Ich sagte Euch auch, daß ich ein andermal, ich weiß nicht mehr von wem, gehört hatte, wie ein plötzlicher ungeheurer Schreck einen Malariakranken unerwarteterweise – doch ist daran nicht zu zweifeln – von seinem Quartanfieber befreite.« *A. d. Ü.*

** »Ihr habt mir geantwortet, daß Ihr Euch noch so gern einen solchen Schrecken unvermittelt einjagen ließet, um von diesem lästigen Leiden befreit zu werden, das Euch jeden vierten Tag heftig mit kaltem Schweiß und Zähneklappern anfällt und quält.« *A. d. Ü.*

146

ken habe nun Galasso Ariosto eine Geschichte erzählt, die Bandello sogleich niedergeschrieben habe, um damit seinem kranken Freund eine Freude zu machen. Es sollte sich um ein *ausführliches Beispiel* handeln, dazu bestimmt, den Kranken zu zerstreuen und ihm Geduld nahezulegen: »E cosi ve la mando e dono. Attendete di guarire e vivete di me ricordevole.«* Die Fiktion legt sich nicht nur im Quartanfieber des Freundes und Lesers einen äußerlichen Vorwand zurecht – Ausgangspunkt einer Ideenverbindung mittels Analogie –, sondern sie schreibt sich überdies gewissermaßen eine therapeutische Funktion zu. Wir werden gleich erfahren, daß das Quartanfieber den Kranken zum Melancholiker macht – er ist es, dem der Autor seinen Bericht zueignet, wodurch jene typische Relation hergestellt wird, in der das literarische Vergnügen, als hätte es eine Rechtfertigung nötig, die ihm üblicherweise abgeht, gleichsam als Heilmittel getarnt auftritt, um das Übel zu vertreiben oder es vergessen zu lassen.

Die Erzählung beginnt. In die Rolle des Erzählers ist jetzt Galasso Ariosto geschlüpft. Er legt zuerst den zeitlichen Rahmen seines Berichts fest, indem er drei Generationen der Dynastie der Fürsten von Este erwähnt, der Marchesen von Ferrara. Galasso fährt fort, von seinem Vater habe er eine Geschichte gehört, die Nicolai d'Este betreffe, den Großvater des gegenwärtig herrschenden Fürsten. Auf diese Weise wird die Verantwortung für den Bericht nochmals delegiert; sie fällt nun einer dritten, abwesenden oder verstorbenen Person, dem Vater Galassos, zu. Die Helden des Berichts, Nicolai d'Este und sein Hofnarr Gonnella, werden in einer relativ nahen Vergangenheit angesiedelt – so weit zurückliegend immerhin, daß es ein leichtes ist, ihr eine sagenhafte Aura zu verleihen. (Zur Zeit Bandellos war der Narr Gon-

---

* »Und so schicke ich es Euch und schenke es Euch. Wartet die Heilung ab, lebt und erinnert Euch meiner.« A. d. Ü.

nella schon eine literarische Figur – Held einer ganzen Reihe schnurriger Geschichten.)

Der Fürst von Este leidet an Quartanfieber und sieht sich daher zum Melancholiker geworden. Der Hofstaat ist betrübt, doch mehr als alle anderen ist es Gonnella, der seinen Gebieter über die Maßen *liebt* und nun einsehen muß, daß die Mittel seiner Kunst, die für gewöhnlich jede Schwermut zu vertreiben vermögen, in diesem Fall versagen: »Ma fra gli altri il Gonnella era uno che sovra tutti si attristava, come colui che sommamente amava il suo signore, e che si disperava che tanti giuochi e tante piacevolezze fare non sapesse che il signore suo mai potesse regioire.«*

Die Ärzte wissen nicht ein noch aus und greifen zum letzten Mittel; sie empfehlen – ganz »klassisch« – einen Orts- und Klimawechsel. Der Fürst richtet sich also im Schloß Belriguardo am Ufer des Po ein und findet Gefallen an Spaziergängen entlang dem Strom. Da nun entsinnt sich Gonnella dessen, was er sagen gehört[3] oder vielleicht »mit eigenen Augen gesehen« hat: »che una paura grandissima fatta a l'improviso a l'infermo gli era presentaneo rimedio e molto profittevole a cacciare via la quartana.«** Er übernimmt selbst die Ausführung: Er stößt den Fürsten in den Strom; ein Müller aus der Nachbarschaft, dem Gonnella zuvor seinen Plan auseinandergesetzt hat, ist zur Stelle, vorgeblich um zu fischen; er nimmt den von Entsetzen gezeichneten, aber geheilten Fürsten in seinem Kahn auf. Gonnella flüchtet nach Padua,

---

* »Aber unter allen war es Gonnella, der sich überaus grämte, da er seinen Gebieter innig liebte und daran verzweifelte, daß all die Spiele und Gefälligkeiten nicht erreichten, daß der Herr sich jemals hätte erfreuen können.« A. d. Ü.

3 Das Hörensagen verlagert sich, so wie sich schon die Verantwortung für die Erzählung verlagert hat. Bandello hat von der heilsamen Angst reden hören; und ebenso hatte Galasso Ariosto davon reden hören; noch früher entsann sich Gonnella daran . . .

** »daß ein gewaltiger Schrecken, in den ein Kranker unvermittelt versetzt werde, ihm zur sofortigen Heilung gereiche und das beste Mittel sei, um das Fieber zu verjagen.« A. d. Ü.

zum Lehensherrn von Carrara. Indessen will dem Fürsten von Este, obwohl er seinen Narren *liebt*, die Tat Gonnellas nicht aus dem Kopf – die Angelegenheit wird dem Rat vorgetragen, welcher zu dem Schluß kommt, es handle sich um ein Majestätsverbrechen: Gonnella wird verurteilt und soll enthauptet werden, falls er ins Hoheitsgebiet des Fürsten zurückkehrt. Dieser, der »Gonnella von Herzen zugetan war«, langweilt sich über dessen Abwesenheit. Gonnella weiß, daß er verbannt worden ist (»bandito«), will aber dennoch das Wagnis eingehen, nach Ferrara heimzukehren. Er richtet einen Karren her, dessen Boden er mit Erde aus Padua bedecken läßt, und gibt dies auch mit einer Aufschrift bekannt, um sich in scherzhafter Weise auf sein exterritoriales Recht zu berufen. Der Fürst von Ferrara, der sich sehnlichst wünscht, von seinem Narren bei Laune gehalten zu werden und sich belustigen zu lassen, läßt ihn verhaften und ins Gefängnis werfen. Der Plan des Fürsten (der den therapeutischen Zweck von Gonnellas Anschlag bezweifelt) besteht darin – und es soll ein Ereignis ersten Ranges werden –, den Narren einer Scheinhinrichtung zu unterziehen, um ihm seinerseits einen Schrecken einzujagen. Es wird Gonnella nicht gestattet, mit dem Fürsten zu sprechen; er würde ihn ja zweifellos um Gnade bitten, die ihm in Tat und Wahrheit schon gewährt ist. Wir zitieren den Schluß dieser Geschichte:

»Veggendo lo sfortunato Gonnella la cosa andare da dovero et non da scherzo, e che mai non puoté ottenere grazia di parlare al marchese, fece di necessità vertù, e si dispose a la meglio che seppe a prendere in grado la morte per penitenza de li suoi peccati. Aveva il marchese segretissimamente ordinato che al Gonnella, quando fosse condotto a la giustizia, li fossero bendati gli occhi e che, posto il collo sovra il ceppo, il manegoldo, in vece di troncargli il capo, li riversasse uno secchio di acqua su la testa. Era tutta Ferrara in piazza, e a grandi et piccioli infinitamente doleva la morte del Gonnella. Quivi il povero uomo con gli occhi bendati, miseramente piagnendo e inginocchiato essendo, dimandò perdono a Dio de li suoi peccati, mostrando una grandissima contrizione. Chiese anco perdonanza al marchese, dicendo che per sanarlo l'avea tratto in Po; poi, pregando il popolo che pregasse Dio per l'anima sua, pose il collo su il ceppo. Il manegoldo allora li riversò il secchio de l'acqua in capo, gridando tutto il popolo misericordia, ché pensava che il secchio fosse la mazza. Tanta fu la estrema paura che il povero e sfortunato Gonnella in quello punto ebbe, che rese l'anima al suo Criatore. Il che conosciuto, fu con generale pianto di tutta Ferrara onorato. Il marchese ordinò che con funebre pompa, con tutta la chiere- sia die Ferrara, fosse accompagnato a la sepoltura; e tanto dolente de l'occorso caso si dimostrò, che per lungo tempo non puoté consolazione alcuna ricevere gia mai.«*

So hat denn ein und dieselbe Ursache – ein »gewaltiger Schrecken« – ganz gegensätzliche Wirkungen. Die Angst ist

* »Als nun unser Pechvogel Gonnella merkte, daß die Sache im Ernst und nicht nur zum Spaß schiefläuft, und daß ihm nie mehr die Gnade erwiesen würde, mit dem Fürsten sprechen zu dürfen, machte er aus seiner Not eine Tugend und schickte sich, wie es ihm angemessen schien, dazu an, mit dem Tod seine Sünden zu bereinigen. Der Fürst aber hatte im geheimen angeordnet, Gonnella, sowie er seiner Strafe zugeführt würde, die Augen zu verbinden; dann solle der Scharfrichter, wenn der Hals erst auf dem Block liege, anstatt Gonnella den Kopf abzuschlagen, ihm einen Eimer kaltes Was- ser darüber gießen. Ganz Ferrara versammelte sich auf der Piazza, und Groß und Klein tat der Tod des Narren unendlich leid. Der arme Mann mit den verbundenen Augen, elendiglich schluchzend, und schon auf den Knien, flehte zu Gott um Vergebung für seine Sünden, wobei er tiefste Reue zeigte. Dann bat er den Fürsten um Verzeihung, beteuernd, er habe ihn nur in den Po gestoßen, um ihn zu heilen; und nachdem er sich mit der Bitte ans Volk gewandt hatte, es möge um seine Seele beten, legte er den Hals auf den Block. Als ihm nun der Scharfrichter den Eimer Wasser über den Kopf goß, schrie alles: Erbarmen! denn jedermann meinte, nun falle das Henkerbeil. Der arme, unglückliche Gonnella aber wurde in diesem Moment von einem so gewaltigen Schrecken erfaßt, daß er alsogleich seine Seele dem Schöpfer zurückgab. Sowie dies bekannt wurde, ehrte mit Wehklagen ganz Ferrara den Toten. Der Fürst ordnete ein feierliches Begräbnis an, und die ganze Klerisei Ferraras gab ihm das letzte Geleit. Der Fürst selbst grämte sich so sehr über den Vorfall, daß er lange Zeit durch nichts auf der Welt hätte getröstet werden können.« A. d. Ü.

heilsam, wenn der Narr sie dem Fürsten bereitet, und sie ist fatal im umgekehrten Fall. Die Liebe zwischen Fürst und Narr und die sadistischen Streiche, die sie sich gegenseitig spielen (worin man übrigens eine Symmetrie erkennen kann, denn ist es nicht beide Male *kaltes Wasser*, mit dem sie sich Angst einjagen?), führen zu einem alles andere als symmetrischen Ergebnis: einerseits zur Heilung, andererseits zum augenblicklichen Tod. Was in den Händen des Narren lebensrettend war, ist todbringend in den Händen des Fürsten.

Wie wir gesehen haben, bietet sich die Novelle dem Leser als Anekdote dar, die Bandello nur aufgelesen hat. Er kennt sie von Galasso Ariosto, der sie seinerseits von seinem Vater hat. Es ist eine Geschichte, die mündlich die Runde macht; der Schriftsteller hat sie zufällig aufgeschnappt und *im Vorübergehen* niedergeschrieben. So wie fast die gesamte novellistische Literatur seit dem *Decamerone* gibt sich das Geschriebene als Depositorium der mündlichen Erzählung aus, und diese wiederum als genauer Bericht von einem seltsamen und denkwürdigen Ereignis. Der Schriftsteller weist sich das Amt eines Treuhänders zu: Er ist nicht in die Geschichte verwickelt, die er erzählt; er hat sich nur schnell nebenbei als Sekretär eines anderen, ihm vorausgegangenen Erzählers eingerichtet.

Die mündlich überlieferte Geschichte selbst ist die Illustration einer gängigen Meinung: Hier zum Beispiel wird mitgeteilt, daß ein großer Schrecken die Melancholie und das Quartanfieber zu heilen vermag. Auch diese Idee hat schon die Runde gemacht. Zitieren wir eine der antiken Quellen. Celsus schreibt: »Subito etiam terreri et expavescere in hoc morbo prodest, et fere quidquid animum vehementer perturbat. Potest enim quaedam fieri mutatio, cum ab eo statu mens, in quo fuerat, abducta est.«*

* »Oft helfen gegen diese Krankheit ein plötzlicher Schrecken und Angstgefühle, und überhaupt alles, was den Geist heftig verwirrt. Eine bestimmte Veränderung kann auch eintreten, wenn der Sinn aus jenem Zustand herausgeführt wird, in dem er gewesen war.« (Celsus, *De Medicina*, I. III, Kap. XVIII) *A. d. Ü.*

Und die Annahme, solche Überraschungsbäder seien wirksam, sollte bis ins 19. Jahrhundert überleben. Aus der Feder Pinels stammen folgende Sätze: »Es ist oft beobachtet worden, daß eine lebhafte und brüske Erschütterung gute und sogar dauerhafte Wirkung zeigte. [...] Die kalten Überraschungsbäder, die van Helmont empfiehlt und mit denen er verschiedene Heilerfolge erzielt haben soll, sind dadurch wirksam, daß sie einen plötzlichen, lebhaften Sinneseindruck hervorrufen, einen großen Schrecken.« Es folgt im Text ein Beispiel, das die genaue Wiederholung der von Gonnella angewandten Methode ist: »Eine Dame war seit langem von einer Melancholie befallen, der keines der von verschiedenen Ärzten dagegen verschriebenen Heilmittel beikam. Man ermunterte sie, sich aufs Land zu begeben: man führte sie in ein Haus, vor welchem ein Kanal verlief, und dann warf man sie ins Wasser, ohne daß sie darauf gefaßt gewesen wäre. Einige Fischer standen bereit, um sie unverzüglich wieder herauszuziehen. Der Schrecken ließ sie wieder zur Vernunft kommen, die sie seither – es sind sieben Jahre – bewahrt hat.«[4]

Was das andere Thema betrifft – vor Schreck auf dem Schafott zu sterben –, so hat es zweifellos die Doxographie bereichert. Wir lesen namentlich bei Montaigne: »Il y en a qui, de frayeur, anticipent la main du bourreau. Et celuy qu'on debandoit pour luy lire sa grace, se trouva roide mort sur l'eschafaut du seul coup de son imagination.«*

---

[4] Philippe Pinel, im Artikel »Mélancolie«, in *Encyclopédie Méthodique*, Reihe *Médicine*, Paris 1816, Band IX, S. 594–595. Esquirol schwört ebenfalls auf die Behandlung durch Erschrecken (im Artikel »Mélancolie« des *Dictionnaire des Sciences Médicales*, Paris 1819, Band XXXII, S. 177). Er mißbilligt jedoch die Überraschungsbäder als *barbarisches* Mittel.

* »Es gibt Menschen, die aus Entsetzen der Hand des Henkers zuvorkommen. Einer, dem man die Binde von den Augen nahm, um ihm seine Begnadigung zu verlesen, lag stracks tot auf dem Schafott, vom bloßen Schlag seiner Einbildungskraft hingestreckt.« (*Essais*, I, XXI, »Über die Einbildungskraft«) A. d. Ü.

Das Prosagedicht *Une Mort héroique* ist ein Bericht, dessen Rahmen ein Fürstenhof bildet – an ungenauem Ort, zu unbestimmter Zeit. Handelnde Personen sind, wie in der Novelle Bandellos, ein Fürst und sein Hofnarr: »Fancioulle war ein bewunderungswürdiger Narr und zählte fast zu den Freunden des Fürsten.« Der Name Fancioulle, obgleich französisch geschrieben, läßt uns an Italien denken. Nun gab es ja in diesem Land zur Zeit der Renaissance Fürsten, die unumschränkt über ihre kleinen Staaten herrschten und die sich Hofnarren hielten. Man findet sich also in eine Epoche zurückversetzt, die ungefähr jene Bandellos ist oder jedenfalls die, in der seine Geschichten spielen.

Auch der baudelairesche Fürst ist ein Melancholiker: »Er kannte als gefährlichen Feind nur die Langeweile.« Von seiner Seele heißt es, sie sei »neugierig und krank«. In den gegenseitigen Beziehungen zwischen dem Fürsten und dem Narren stößt man von neuem – und in zugespitzter Form – auf das sadistische Element. Fancioulles Sache ist es nicht, einen Anschlag zum Zweck der Heilung zu verüben: Er nimmt an einer Verschwörung teil, »die einige unzufriedene Edelleute angezettelt hatten«. In diesem Fall liegt also tatsächlich ein Majestätsverbrechen vor. Wie Gonnella wird Fancioulle verhaftet. Doch anders als jener wird er nicht bei einer Scheinhinrichtung plötzlich sterben, sondern während eines »großen Theaterspektakels«, wobei er »eine seiner besten Hauptrollen« spielt. Die Analogie besteht in der Feierlichkeit des Anlasses und in der Anwesenheit eines großen Publikums. In dem Augenblick, da Fancioulle wahrhaft erhaben wirkt, stößt ein vom Fürsten postiertes Kind »einen schrillen, langgezogenen Pfiff« aus, der den sofortigen Tod des Mimen zur Folge hat. Der Bericht schließt, wie bei Bandello, mit einem kurzen Epilog, der die ungewisse Zuneigung der beiden Männer in Erinnerung ruft und aus dem der Leser erfährt, daß der Fürst nie wieder einen vergleichbaren Spaßmacher fand – der Platz des Narren blieb leer:

»So jäh aus seinem Traum aufgerüttelt, schloß Fancioulle zunächst die Augen, riß sie fast im gleichen Augenblick – übermäßig vergrößert – wieder auf, öffnete dann den Mund, wie um krampfhaft Atem zu holen, schwankte ein wenig nach vorn, ein wenig nach hinten, und fiel gleich darauf mausetot auf die Bretter der Bühne nieder.

Hatte der Pfiff, schneidend wie ein Schwert, wirklich den Henker um sein Amt betrogen? Hatte der Fürst selbst die ganze mörderische Wirkung seiner List vorausgeahnt? Man darf das bezweifeln. Bedauerte er seinen lieben, unnachahmlichen Fancioulle? Es ist süß und erlaubt, dies zu glauben.

[. . .]

Seither sind mehrere, in verschiedenen Ländern mit Recht geschätzte Mimen an den Hof von *** gekommen, um zu spielen; aber keiner von ihnen konnte die wunderbaren Fähigkeiten Fancioulles ins Gedächtnis zurückrufen, noch sich zu der gleichen *Gunst* aufschwingen.«

Bis hin zur Struktur der Namen – Gonnella, Fancioulle – fällt eine Ähnlichkeit auf: Man kann auf die verkleinernde Suffixbildung hinweisen – *-ella, -oulle* –, die den einen Helden verweiblicht (Gonnella, Diminutiv von *gonna*, Frauenrock, bedeutet: Unterrock, aber auch: sterbliche Hülle) und den andern verkindlicht (*fanciullo* bezeichnet den Knaben, zwischen der frühesten Kindheit und dem Jünglingsalter).

Das Wesentliche und Spannende an der Gegenüberstellung freilich ist – abgesehen von den Quellenfragen –, daß das Prosagedicht Baudelaires auf allen Ebenen, wo die Analyse ansetzen kann, die die Erzählung Bandellos prägenden Züge umgestaltet und umstellt. Und diese Umbildungen und Verschiebungen vollziehen sich, im einzelnen betrachtet, auf harmonische und konkordante Weise, sind eines Sinnes, laufen auf dieselbe Wirkung hinaus. Aufgrund der festgestellten Ähnlichkeiten kann der Vergleich die Gesamtheit der Unterschiede hervorheben – diese zeugen nicht nur von einer andern Behandlung desselben »Stoffs«, sondern signalisieren eine andere Epoche der literarischen Schöpfung – eine Epoche, in der die Literatur über ihren eigenen Status *reflektiert*. Man kann Baudelaires Text lesen, *als ob* er eine interpretierende Umbildung des Textes von Bandello wäre. Baudelaire diese Arbeit des Umgestaltens einfach, ohne objektive Beweise, zuzuschreiben, mag zwar eine kritische Fiktion sein; aber diese Fiktion wird uns durch eine Differentialschätzung die Richtung ahnen lassen, an der sich das Denken und Schreiben Baudelaires orientiert.

Wie wir gesehen haben, bemüht sich Bandello (wenn auch vielleicht auf fiktive Weise), sich in die Lage eines Vermittlers zu versetzen, des Mittelsmannes zwischen einer bestimmten Person, die Auskunft gibt, und einer andern, die sie entgegennimmt. Beide sind Bürgen, Gewährsleute. Er selbst gibt eine beglaubigte (oder angeblich beglaubigte) Geschichte, die unabhängig von ihm schon die Runde macht, lediglich weiter. Diese Geschichte beansprucht unsere Aufmerksamkeit nur deshalb, weil sie von einer einzigartigen Begebenheit berichtet, in der eine allgemeingültige Wahrheit zum Ausdruck kommt, hier die Wahrheit über die Wirkungen der Angst, die bald heilsam, bald tödlich ist. Obwohl sich Bandellos Novelle in einem höchst zivilisierten Milieu abspielt, sind die wunderbaren Vorfälle, von denen sie handelt (sofortige Heilung, jäher Tod), *Naturereignisse*, wie außergewöhnlich sie auch scheinen mögen. Fügen wir hinzu, daß Bandello die Geschichte zwar um zwei Generationen zurückdatiert, sie aber gleichwohl mit einem Fürsten der herrschenden Dynastie in Zusammenhang bringt – nichts in dieser Geschichte würde sich von den gegenwärtigen Umständen unterscheiden, sie bleibt sozusagen an Land, im Land, auf vertrautem Boden. Das Unbekannte, das *Neue* an der Novelle gleicht dem Bekannten, zumindest reiht es sich ins Bekannte ein.

Ganz anders bei Baudelaire. Sein Bericht knüpft nirgends an. Keine wirkliche oder vorgeblich wirkliche Person ist in die Geschichte verwickelt. Ort und Zeit bleiben unbestimmt. Der Fürst trägt keinen Namen, nur seinen Titel; er besteht einzig aus (und in) seiner *Macht*, seiner Stellung im Figurenspiel eines Hofstaats vergangener Zeiten. Allein Fanciulle wird benannt, freilich mit einem Übernamen, der an die gewohnte Bezeichnung für den »jungen Knaben« anklingt und also erneut auf eine Position im Gefüge der sozialen, familiären, emotionalen Beziehungen verweist. Zur Zeit Bandellos waren Fürst und Narr durchaus aktuelle Rollen; bei Baudelaire gehören sie der Vergangenheit an. Obwohl es an beredten, aufschlußreichen Details fehlt, versetzt uns schon die Erwähnung dieser Rollen in eine kostümierte Vergangenheit, in eine Phantasie-Renaissance. Daß die Geschichte historisch – bis auf die vage Aura der Renaissance – nicht genau einzuordnen ist, verweist auf eine ästhetische Erkundung einer fernen Konstellation. Baudelaire, der Dichter der Moderne, ist üblicherweise nicht auf derlei Rückzüge in eine mehr oder weniger unbestimmte Vergangenheit angewiesen. Wenn er trotzdem an der Figur des Toren und des Narren festhält, dann wegen ihres emblematischen Werts, und jedesmal, wenn in seinen Schriften Narren oder Gaukler auftauchen, erheischen sie unabdingbar eine imaginative Projektion in die Vergangenheit. Der Dichter entwickelt diese Fiktion auf ironische Weise; er beherrscht das Spiel. Einer Vergangenheit, die kein zeitliches Merkmal festlegt, läßt sich kein Ereignis unterschieben; sie ist selbst nur ein Bild in der Bilderwelt, über die der Dichter frei verfügt. Tatsächlich betrifft der Bericht, den er gibt, in erster Linie ihn selbst. Er greift in der ersten Person in ihn ein, als Zeuge der Vorstellung, des Gottesurteils. Ohne sich ein einziges Detail entgehen zu lassen, beobachtet er, wie Fanciulle sich selbst übertrifft, um dann an einem Pfiff zu sterben; gleichzeitig projiziert er sich selbst in den Fürsten und in Fanciulle und macht aus ihnen seine allegorischen Bürgen: Er hat jene Charakterzüge zwischen den beiden Antagonisten aufgeteilt, die er für gewöhnlich sich selbst beimißt – ästhetische Fähig-

156

keiten, nach deren Besitz er selbst trachtet. Er ist also omnipräsent und omnirepräsentiert. Während Bandello alles daransetzte, das Verhältnis zwischen sich und seinem Bericht als ein rein äußerliches darzustellen, gestaltet Baudelaire einen analogen Stoff (eine »Intrige«), indem er sich selbst in die Stimmen seines »Prosagedichts« versetzt. Sich selbst? Verstehen wir das richtig: sich selbst als Künstler und Autor, indem er ein reflektiertes Bild der literarischen Schöpfung gibt – mittels einer Parabel, in der die Kunst sich als Revolte und als Macht der Symbolisierung definiert, aber auch als verletzlich gegen die Zeichen schroffer Ablehnung.

Ist es erstaunlich, daß die Umbildung des Stoffs den Weg der Reflexivität eingeschlagen hat? Bandello erzählte von natürlichen Zufällen; Baudelaire spricht von der Bewegung der Kunst, von der Geste selbst: Sein Bericht thematisiert die ästhetische Handlung. Er erhebt beinahe alle Elemente, die bei Bandello mit schlichter Objektivität wiedergegeben wurden, in die subjektive Potenz.

Sobald das Spiel beginnt, achtet der baudelairesche Erzähler auf die *ästhetische Wertschätzung* seiner Figur: »Fancioulle war ein *bewunderungswürdiger* Narr.« Bei Bandello war Gonnella einfach Gonnella, das genügte, denn war er nicht schon als Held mancher Posse bekannt? Bei Baudelaire indes dominiert ein ästhetisches Interesse: Der Fürst ist ein »leidenschaftlicher Liebhaber der schönen Künste, ausgezeichneter Kenner übrigens«. Er ist ein Dandy oder ein »Ästhetiker«, so wie Kierkegaard ihn definiert, begierig aufs »Interessante« in all seinen Formen, und seien sie abscheulich. Diese Neigungen machen aus ihm eine »neugierige und kranke Seele«, eine Krankheit, deren Ursachen im Bewußtsein liegen, eine Krankheit, die vom Bewußtsein selbst herrührt, die das Bewußtsein selbst ist, während die Melancholie Nicolai d'Estes der seelische Ausdruck oder Abdruck der körperlichen Quartanfieber-Anfälle war.

Die Schlußszene ist von einem öffentlichen Platz in ein

Hoftheater verlagert worden. Und Fancioulle, der nicht mehr bloß eine komische Figur ist, sondern vor allem ein sublimer Mime, gibt eine Demonstration seines großartigen Könnens. Den entscheidenden Schock versetzt ihm nicht ein Eimer kalten Wassers (der bei Bandello die schwere »mazza« ersetzte), sondern etwas Immaterielles: ein *Zeichen*. Denn der schrille Pfiff ruft nicht etwa Entsetzen hervor, er unterbricht vielmehr die *Rezeption*, die Beziehung zum Empfänger, die der Künstler braucht. Er symbolisiert die Abweisung des Antrags und hebt die Verbindung auf, die das Kunstwerk herzustellen versucht hat. Der Narr stirbt am Affront, an der erlittenen Schmach. Und selbst dann noch setzt sich das Drama in den Schächten der Subjektivität fort. Keine Kirche, kein Klerus als Totengeleit des Narren, denn auch das religiöse Element hat sich verschoben; es hat sich der Kunst beigemischt, der *Idealisierung*, die Fancioulle gelingt, so daß sein Kopf in der Sicht des Erzählers von einer Aureole umhüllt erscheint. So vertieft sich die Subjektivität von Baudelaires Figuren, bis sie sogar für den Autor des Berichts unzugänglich, undurchdringlich werden. Über die wahren Motive des Fürsten gibt es nur Mutmaßungen, die sich vorwiegend in *Frage*sätzen äußern. Von den simplen Motivierungen, die die von Bandello treuherzig wiedergegebene Geschichte stets *kennt*, sind wir weit entfernt. Das Seelenmysterium des baudelaireschen Fürsten ist gleichsam von einer Mauer umgeben, an der man zurückprallt. Und glänzt nicht Fancioulle seinerseits in der Kunst, »deren Ziel es ist«, das Geheimnis »des Lebens symbolisch darzustellen«?

Diese Reflexivität, dieses schwindelerregende Abenteuer des Subjekts und diese Verweisung auf die Kunst, die aus dem pantomimischen Auftritt ein emblematisches Bild der Tätigkeit des Poeten machen; diese hyperbolische Metaphorisierung des ewigen Scheiterns, von dem Baudelaire besessen war – all das gehört zu einer ins Allgemeine erweiterten negativen Regung, deren Intensität man um so mehr würdigen wird, je gründlicher man sie mit Bandellos Novelle vergleicht. Gonnella stößt den Fürsten in den Fluß, um ihn zu heilen; er ist der Wohltäter seines Herrn. Wie so manche andere archetypische Geste des Narren öffnet die Tat Gonnellas einen Übergang – von der Krankheit zur Gesundheit. Der Anschlag ist lediglich die Maske einer tätigen Fürsorge. Nur scheinbar ist Gonnella eines Majestätsverbrechens schuldig. Die Erzählung läßt über seine wahren Beweggründe keinen Zweifel aufkommen: Er hat nie und nimmer an ein Attentat auf das Leben des Fürsten gedacht, oder gar auf die bestehende Ordnung, in deren Schoß er seinen Platz hat. Und auch der Fürst tut nichts, wozu er nicht befugt wäre: Verurteilung und Gnadenerlaß nach einer Scheinhinrichtung gehören in seine Kompetenzen. Nichts stellt das Gefüge der herrschenden Macht und der bestehenden sozialen Verhältnisse in Frage. Angriffslustig verausgaben sich der Fürst und der Narr gegenseitig in einem *Spiel* mit unerwarteten Folgen – innerhalb einer Ordnung, die unbestritten bleibt. Bei Baudelaire dagegen entledigt sich Fancioulle seiner Rolle, um sich an einem Komplott gegen den Fürsten zu beteiligen; er tut sich mit einigen jener »Individuen von schwarzgalliger Gemütsart« zusammen, »welche die Fürsten absetzen und, ohne sie um ihre Meinung zu fragen, die Gesellschaft auf den Kopf stellen wollen«. Nicht nur das Leben des Fürsten, sondern das »Regime« selbst wird aufs Korn genommen. Fancioulle hat sein Amt als unterwürfiger Spaßmacher, so wie der Kodex eines alten Hofstaats es vorschreibt, im Stich gelassen. Unter dem Einfluß »moderner« Ideen, deren Verwirklichung wohl nicht ausgerechnet einem Narren zustünde, ist er zur *politischen* Tat geschritten. Von Beginn an ist also Aggression am Werk, wird der Fürst (und mit ihm die fürstliche Macht an sich) herausgefordert. Dadurch sagt sich Fancioulle von seiner Rolle als Narr los, und diese Weigerung erstreckt sich auf alles, was er für den Fürsten darstellt und *ist* – auf alles, was die »alte« Ordnung aus ihm macht: »[...] auf Menschen, die sich schon von Berufs wegen dem Komischen widmen, üben die ernsthaften Dinge eine verhängnisvolle Anziehungskraft aus, und obwohl es phantastisch anmuten mag, daß Ideen von Freiheit und Vaterland sich mit unbezwinglicher Macht eines Komödiantenhirns bemächtigen: eines Tages trat Fancioulle einer Verschwörung bei, die einige unzufriedene Edelleute angezettelt hatten.«

Am Anfang steht somit eine Tat, die in dreierlei Hinsicht verneinend (oder, wenn man will, regelübertretend) ist: eine Tat wider die Freundschaft, wider die politische Ordnung und wider die Stellung des Narren. Desgleichen die Böswilligkeit des Fürsten. Seine Neugier, seine Launenhaftigkeit müssen schon »repressive« Züge annehmen, wenn er Fancioulle sein künstlerisches Genie in einer Vorstellung zeigen läßt, die einem Gottesurteil gleichkommt, mit dem drohenden Tod im Hintergrund. Die vernichtende Kriegslist, die der Fürst anwendet, ist die symmetrische Erwiderung auf das Komplott gegen sein Leben und sein Amt: Wenn er Fancioulle bittet, vor ihm zu spielen, dann nicht nur, um ihn in seiner personalen Existenz zu treffen, sondern um seine Künstlerwürde anzutasten. Der Pfiff ist das typische Zeichen der Ablehnung eines Werks (oder seiner Ausführung), das Schönheit anstrebte und sie verfehlte. Fancioulle, Urheber und Ausführender, hat die vollkommene Idealität vorgeführt. Er hat folglich alles erreicht, was zu erreichen man sich vornehmen kann. Es ist also die Kunst, die in der Person Fancioulles getötet, durch einen einzigen schrillen Pfiff hingerichtet wird. Tatsächlich hat der Fürst, so wie Fancioulle die Kunst zugunsten des revolutionären Handelns im Stich gelassen hat, seine leidenschaftliche Liebe zu den »schönen Künsten« vergessen (die ihn ja ihrerseits schon von seinen Regierungspflichten abgelenkt hatte), und zwar für eine Neugier ganz anderer Art. Er wendet sich der objektiven Wissenschaft zu, er ordnet dieses Gottesurteil im Namen eines medizinischen *Wissens* an: »Er wollte die Gelegenheit dazu benutzen, ein *physiologisches Experiment* von *kapitalem* Interesse [zweite Hervorhebung von Baudelaire] anzustellen und herauszufinden, bis zu welchem Grade die gewohnten Fähigkeiten durch die außergewöhnliche Lage, in der er sich befand, verändert oder beeinträchtigt werden könnten.« Für den, der weiß, was Baudelaire um 1863 (zur Zeit der Veröffentlichung des Prosagedichts) von der politischen, revolutionären Tat und von den Anmaßungen der »Physiologisten« (Lélut, Gratiolet usw.) hielt, für den ist klar, daß Fancioulle und der Fürst, der eine wie der andere, die Ansprüche der Schönheit nicht erfüllen und daß die Kunst durch diesen doppelten Verrat zugrundegehen wird. Das Zeitalter der Revolutionen, das Zeitalter der Physiologie ist zugleich das Zeitalter des Todes der Kunst: gespiegelt am Beispiel des Todes des Künstlers. Und Baudelaire hat darauf mit seinem Prosagedicht zu antworten versucht: mit dem Projekt einer Kunst, die davon lebt, ihren eigenen Tod zu schildern, ihre Zermürbung zwischen dem Scheitern der Politik (sowie jeglicher politischen Hoffnung) und dem erbarmungslosen Gesetz der »physiologischen« Objektivität.

Hier ist wohl der Punkt erreicht, an dem wir uns von Bandello verabschieden müssen. Der Vergleich hat uns erlaubt, dessen gewahr zu werden, was an Baudelaire unvergleichlich ist. Fortan brauchen wir keine Vergleiche mehr anzustellen – es sei denn, wir fänden neue Vergleichsobjekte, indem wir näher an unserer Zeit danach suchten. Und es würde nicht daran mangeln. Urteilen heißt vergleichen, nachdenken heißt vergleichen, sagten die Philosophen des 18. Jahrhunderts. Das ist das Glück der Komparatisten: Urteilen und nachdenken haben und nehmen für sie kein Ende.

Nachbemerkung des Übersetzers

»[...] pour eux, juger et réfléchir ne connaissent aucun terme«: Jean Starobinskis Schlußsatz ist ein schönes Beispiel dafür, wie vielfältig die – verglichen mit dem Deutschen häufige und daher oft verpönte – Polysemie französischer Vokabeln verwendet werden kann. *Terme* meint ungefähr, und unter anderem, »Frist«, »Grenze«, »Ziel«, aber auch »Bezeichnung«, »(Fach-)Wort«, eine Art Spaltung, unerwartet und unübersetzbar. »Urteilen und nachdenken«, so könnte eine eher weitschweifige Übersetzung lauten, »nehmen für sie [die Komparatisten] kein Ende, verfolgen für sie keinen Zweck und – da urteilen und nachdenken vergleichen heißt – brauchen [kennen] jene Begriffe für sie keine Bezeichnung.« Man könnte auch versuchen, für das französische *terme* »Terminus« zu setzen, das ja eine analoge Bedeutungserweiterung von »Grenzpfahl« zu »(Fach)-Ausdruck« erfuhr – nur läßt sich, trotz des Doppelsinns, aus diesem ungebräuchlichen Ausdruck kaum ein prägnantes Wortspiel schöpfen. Zu den Fragen der Konnotation, die für den Übersetzer vorrangig sind, gehört eben auch die Geläufigkeit eines Wortes. Daher setzte ich hier, auf Kosten einer Nebenbedeutung, statt »Terminus« das konnotativ ebenfalls weitgefächerte »Ende«, undsoweiter.

Mit Schopenhauer kann man sich die Wörter zweier Sprachen als nicht gänzlich konzentrische Kreise vorstellen; den Bedeutungsgehalt und den affektiven Wert wird man selten genau treffen. Ich will hier nur stellvertretend noch zwei Wörter herausgreifen, die in Starobinskis Text wichtig sind und die in der Übersetzung nicht recht zur Deckung gebracht werden konnten: Für *envol*, das eigentlich »Aufflug«, »Abheben« heißt, wurde zugunsten der Lesbarkeit stets

»Höhenflug« gesetzt. Nicht einheitlich wurde dagegen *dérision*, *dérisoire* wiedergegeben: wörtlich »Verlachung«, »Lächerlichmachen«, mag das Adjektiv je nach Kontext »lachhaft«, »spottwürdig« oder »höhnisch« heißen.

Was die zahlreichen Zitate betrifft, die Starobinski anführt, so wurde – teils aus Gründen des Textzusammenhangs, teils aus solchen der Qualität – meist darauf verzichtet, auf allenfalls schon vorhandene Übersetzungen zurückzugreifen. Einzige Ausnahmen: die Baudelaire-Zitate aus den *Fleurs du Mal*, aus der *Fanfarlo* und aus *De l'essence du rire*, die der bei Hanser, München, erscheinenden Ausgabe der *Sämtlichen Werke/Briefe* entnommen wurden, sowie das Montaigne-Zitat, das hier in der Übersetzung von Herbert Lüthy abgedruckt wird (aus der 1953 bei Manesse, Zürich, veröffentlichten Ausgabe der *Essais*). Beiden Verlagen und den Übersetzern sei hiermit gedankt.

Die beiden Essays des Anhangs sind in der französischen Originalausgabe nicht enthalten; sie wurden auf Wunsch des Autors in diesen Band aufgenommen. »Sur quelques répondants allégoriques du poète« erschien zuerst in der *Revue d'histoire littéraire de la France*, 53. Jahrgang, Nr. 387–388, »Bandello et Baudelaire« in *Le Mythe d'Etiemble, Hommage, études et recherches*, Paris 1979.

Verzeichnis der Abbildungen

165